中島秀人――[著]
Hideto Nakajima

科学者マイケル・ポランニー

暗黙知の次元を超えて

河出書房新社

はじめに

マイケル・ポランニー（一八九一〜一九七六）は、「暗黙知」や「科学の共和国」の概念を提唱した科学哲学者として知られている。あるいは、著書『大転換』で有名な経済人類学者カール・ポランニー（一八八六〜一九六四）の弟としてご存じの方もあるかも知れない。兄の影響もあってか、マイケル自身も経済学の研究を行った。近年では、経営学のイノベーション論で「暗黙知」が取り上げられることもある。

しかし彼が科学哲学の研究を始めたのは、ナチスを避けて一九三三年にドイツからイギリスに移住して後、さらに一五年も経ってのことである。それまでのマイケル・ポランニーは、何よりも科学者であった。彼の科学論文は、イギリスに移住してからのものまで含めると約二〇〇編もあるといわれる。

本書は、彼の人生の最も長い時期を占めていた活動、すなわち科学者としてのマイケル・ポランニーに焦点を当てようとするものである。彼はハンガリーの首都ブダペストに生まれ、医学生として大学生活を送り、ドイツに移って物理化学者として活躍した。

ポランニーの孫弟子筋に当たる慶伊《けいい》富長《とみなが》・東京工業大学名誉教授は、その研究は「五七歳にして転向しなければ確実にノーベル賞を受けている」ようなものばかりだったと述べている[1]。彼の次男ジョンはノーベル化学賞を受賞するが、それは父親の代理と言われることがあるほどだ。

ポランニー兄弟（マイケル［左］とカール、1930 年代）［Lanouette (1994) p. 204ff より］

とはいえ、科学者としてのポランニーは完全に無視されてきたわけではない。一九八七年に、慶伊富長も含む日本の弟子筋が、ポランニーの回顧を本にまとめている。その前年に出た『現代思想』三月号の「マイケル・ポランニー」の特集も、科学に多少は触れている。だが、特集の主たる対象は、科学哲学の問題である。当時博士課程を修了したばかりの筆者の記憶では、ポランニーはポストモダニズムの科学哲学の文脈で読まれていた。紹介者の栗本慎一郎氏が、ニューアカデミズムの旗手だったからだ。

海外でのポランニー研究を見ると、ポストモダニズムの視角とは違った傾向が見られる。ポランニー研究を目的とする「ポランニー学会」の学会誌を分析した古谷紳太郎氏（筆者の大学の元学生で共同研究者）によると、論文の約八割が思想と宗教（イデオロギー、宗教、倫理）、残りの約二割が経済学関係のものであるという。のちに論じるが、ポランニーの思想は、彼の住んだイギリスでは余り反響がなく、アメリカで広く受け入れられた[2]。それは、科学論に基づく宗教であり、冷戦下の反共思想であったと思われる。

いずれにしても、従来のポランニーに対する関心は思想に関することが大きい。この状況下で科学者としてのポランニーの姿を描くことは容易ではないが、二一世紀に入って三つの変化が起こった。一つは、ウィリアム・スコットとマーティン・モレスキーによるポランニーの伝記『マイケル・ポラ

ンニー　科学者にして哲学者』[3]が出たことだ。関係する文書資料を大規模に渉猟するだけではなく、一五〇名を超える関係者への聞き取りなどにも依拠したこの伝記によって、マイケル・ポランニーの生涯の詳細が明らかになった。もっとも、この本は科学者スコットが遺した原稿を基に宗教学者のモレスキーが編纂したものであるため、科学の部分が弱いように思える。十分な推敲もなされていないように感じるのである。[4]前出の古谷氏に従うと、編纂前の原稿も遺されているようで、詳しい研究が待たれる。

変化のもうひとつは、アメリカ科学史学会の長も務めたメアリー・ジョー・ナイが『マイケル・ポランニーと彼の世代』[5]を出版したことだ。ナイは化学分野を専門とする科学史家であり、この本からポランニーの科学研究の骨格を知ることができる。とはいえ、彼女の本の目的は、ポランニーを、科学哲学者カール・ポパーやトーマス・クーンらの時代の中でとらえることにあるため、科学自体については議論の余地がある。

三つ目は、個人的なことだが、筆者の私がブダペストの高等研究所（Collegium Budapest）の研究員に一〇ヶ月間採用され、ポランニーの母国で研究することができたことである。筆者のブダペスト高等研究所応募のテーマは、ハンガリーにおける天才科学者の集中的登場（ハンガリー現象）の分析をすることだった。受理されて着任したのが二〇〇五年の一〇月末であるので、ずいぶんと時間がたってしまった。帰国してすぐに本にまとめるつもりだったのだが、ハンガリー現象という主題が大きすぎ、ついぞ書き出すことができなかった。しかし、最近になって、ハンガリー現象の大きな柱としてポランニーが重要な役割を果たしていることに気がついた。彼を中心にすれば、ハンガリー現象の重要な側面を明らかにできると考えたのである。

本書の構成は以下のようである。冒頭の章では、マイケル・ポランニーを含むポランニー家の出自を明らかにする。従来の研究では、その詳細が触れられることはなかった。だが、スコットとモレスキーによるポランニーの伝記によって、かなりのことが分かってきた。第二章と第三章は、ポランニーを含む有能な科学者が一九世紀末から二〇世紀初頭に中欧のハンガリーという国から多数登場したことを扱う。そして、その社会背景に光を当てる。第四章と第五章は、医学生として出発したポランニーが、第一次大戦への従軍ののち科学者として成長し、ドイツで科学の仕事を得るまでを扱う。第六章から第八章は、ポランニーが一流科学者として活躍したカイザー・ヴィルヘルム協会物理化学・電気化学研究所（以下、ハーバー研と略す）の姿や、そこでの彼の科学研究を描く。これについては、アメリカのナイの著作だけではなく、日本のポランニーの弟子筋の出版物も大いに参考にした。第九章は、ポランニーが英国に移って後の、学問の自由をめぐる英国のマルクス主義者との論争を扱う。そこで目立つのは、両者の相違ではなく類似であった。第一〇章は、ポランニーの学生時代以来の仕事である吸着ポテンシャルの理論を通じて、彼の科学観の解明を試みる。そこでは、トーマス・クーンのパラダイムの理論とポランニーの科学論が比較される。第一一章では、学問的にまだ解明されたとは言いがたいが、魅力的な問題である化学的連鎖反応と物理的連鎖反応の関係を推測する。これは、アメリカのマンハッタン計画（第二次世界大戦期の原爆開発計画）の起源を考えるのに重要な意味をもつ仮説である。最後の第一二章では、ポランニーの暗黙知の概念を、彼の科学者としての経歴から見直し、筆者の試論を展開する。

まえがきを結ぶに当たって、一九八〇年代半ば、筆者にハンガリー現象の存在をご教示くださり、筆者の二一世紀初頭のブダペスト在住中は毎週のようにハンガリーの科学者についてレクチャーしてくださったガーボル・パッロー博士（ハンガリー科学アカデミー哲学研究所元・所長）に感謝したい。パッロー博士と筆者の友情は、約四〇年間も及ぶものであり、その協力がなければ本書は成立し得なかった。

二〇二三年八月

中島秀人

〈氏名の表記について〉

本書の対象となる人々が欧米圏で活躍したことから、特に断りのない限りハンガリーでの通例である「姓」「名」ではなく「名」「姓」の順に統一する。また英語読みなどが一般化している場合には、原則としてこれを用いる（初出にはハンガリー綴りも括弧に入れてなるべく記載）。

〈地名の表記について〉

ハンガリーの位置する中欧の歴史的事情から、本稿の扱う地名の多くに、ハンガリー語、ドイツ語、現在の支配国の語による読み方がある。たとえば、スロヴァキアの首都ブラチスラバ（一時期ハンガリーの首都）は、ハンガリー語ではポジョニ、ドイツ語ではプレスブルクと呼ばれる。このような地名については、記述対象の時代に主に使われていたものを使用し、他の呼び方を必要に応じて補足する。なお、オーストリアのウィーンにもハンガリー語名があり、ベーチ（Bécs）と呼ばれる。ブダペストは現地読みではブダペシュトだが、日本での通例に従ってブダペストと表記する。他の地名についても、慣用表記を優先した。ドイツ語発音のヴィーンではなく、ウィーンとするのもその例である。

（1）慶伊（一九八六年）、一五九ページ。
（2）佐藤（二〇一〇年）、一三ページ。
（3）William Scott & Martin X. Moleski, *Michael Polanyi: Scientist and Philosopher*, Oxford UP, 2005.
（4）たとえば、数式の無限の記号∞が8と誤植されていたりする。
（5）Mary Jo Nye, *Michael Polanyi and His Generation*, Chicago UP, 2011.

科学者マイケル・ポランニー

暗黙知の次元を超えて

目次

科学者マイケル・ポランニー

暗黙知の次元を超えて

第一章　マイケル・ポランニーの誕生

ポランニーは、一八九一年三月一一日、ポラーニ・ミハーイ（Polányi Mihály）としてブダペストに生まれた。これは、ハンガリー語の表記である。冒頭に記したように、ハンガリーでは日本同様に姓名の順で名前を表記する。本書では英語読みに近いマイケル・ポランニーで統一するが、姓についてはポランニー、ポラニ、ポラニなどと書かれることも多い。ドイツ時代には、ミハエル・ポラニーと呼ばれていたようだ。

ポランニーの父親は、ポラチェック・ミハーイ（Pollacsek Mihály）で、姓は異なるが、名は息子と同じミハーイである。妻セシル（セシリアとも）との間に、ラウラ（一八八二年生まれ）、アドルフ（一八八三年）、カーロイ（一八八六年）、ゾフィア（一八八八年）、ミハーイ（一八九一年）、パール（一八九三年）の六名の子どもをもうけた。言うまでもなく、カーロイは経済学者カール・ポランニーである（以下カールで統一）。

一九〇四年、ポラチェックは、子どもたちの名字だけをハンガリー風のポランニーに変えている。(1)

ポランニーの兄弟姉妹（後列左からゾフィア、アドルフ、ラウラ、カーロイ、前列左からパール、ミハーイ）［Scott & Moleski (2005) p.130ff より］

一八八〇年代以来、ユダヤ人の名前のハンガリー語化が広く行われていた。なお、パールの存在は長く知られていなかったが、スコットらによって、発達の遅れのために施設に入れられたことが明らかにされた(2)。

ポランニー家の出自などについては、従来の記述に混乱が見られる。最大の原因は、経営学者として広く知られるピーター・ドラッカーにある。彼は一八歳のとき、ウィーンのカール・ポランニーに論文デビューの機会を与えられた。そのドラッカーは、一九七九年の著作『傍観者の時代』でポランニー一族を紹介したが、それは間違いだらけだった(3)。

一九八〇年代初頭、哲学者の栗本慎一郎氏は、その誤りを正すために存命中のポランニーの一族に精力的な聞き取りをされた。ここでは、これに加えて、スコットらの伝記、筆者の協力者パッロー博士の調査も参考にして整理してみよう。

ポラチェック家は、ハンガリー王国アールヴァ県（現在は北スロヴァキアのポーランドに隣接する場所）出身である。曽祖父の時代から製材業に乗り出し、富を蓄えたユダヤ人一族だった。ポラチェックという名字は、ハプスブルク家の開明君主ヨーゼフ二世が、ドイツ風の姓なら名乗って良いとユダヤ人に許しを与えて以降のものと思われる。

ここで注意していただきたいのは、当時のハンガリーが、現在に比べて約三倍の面積の大きな国であったことだ。次ページの図は、マイケル・ポランニーが生まれる九年前の地図である。当時の領土には、北側に現在のスロヴァキア、東側にウクライナ、南側にルーマニアと旧ユーゴスラビアが含まれる。この多民族国家ハンガリーは、同様の多民族国家オーストリアと連合を組み、巨大なオーストリア＝ハンガリー帝国を形成していた。

ポランニーの父ミハーイは、一八四八年、ハンガリー王国アールヴァ県のフェルショーシュスーファル（Felsőhosszúfalu）、現在のスロヴァキアのデゥルハで生まれた。これとは違って、一八五〇年に同じくハンガリー王国ルテニア地方ウング県のウングヴァール（Ungvár）で生まれたという記述もある。現在のウクライナのウージュホロドで、次ページの地図の東端の町である。ポラチェック家はウングヴァールに製粉工場や酒の醸造所などを持っていたので、その可能性は否定できない。初等教育もウングヴァールに近い商工業の中心地カッシャ（Kassa、現在のスロヴァキアの主要都市コシツェ）で受けている。

父親はその後、帝都ウィーンに出てテレジアヌム（Theresianum）という優れたギムナジウム（日本の中高一貫エリート校に類似するドイツ圏の八年制の中等学校）に進んでいる。テレジアヌム卒業後、一八六八年、隣国スイス・チューリッヒのスイス連邦工科大学に入学した。しかし、学業をおろそかにしたために放校となり、シュツットガルト工科大学などで学業を続けた。栗本によれば、大好きな演劇にうつつを抜かしたためだという。(4) 大学を卒業すると、ウングヴァールやペシュトで水利工事の修業を積み、七三年、スイス連邦鉄道のエンジニアとなる。スイス各地の鉄道を建設し、貢献が認めら

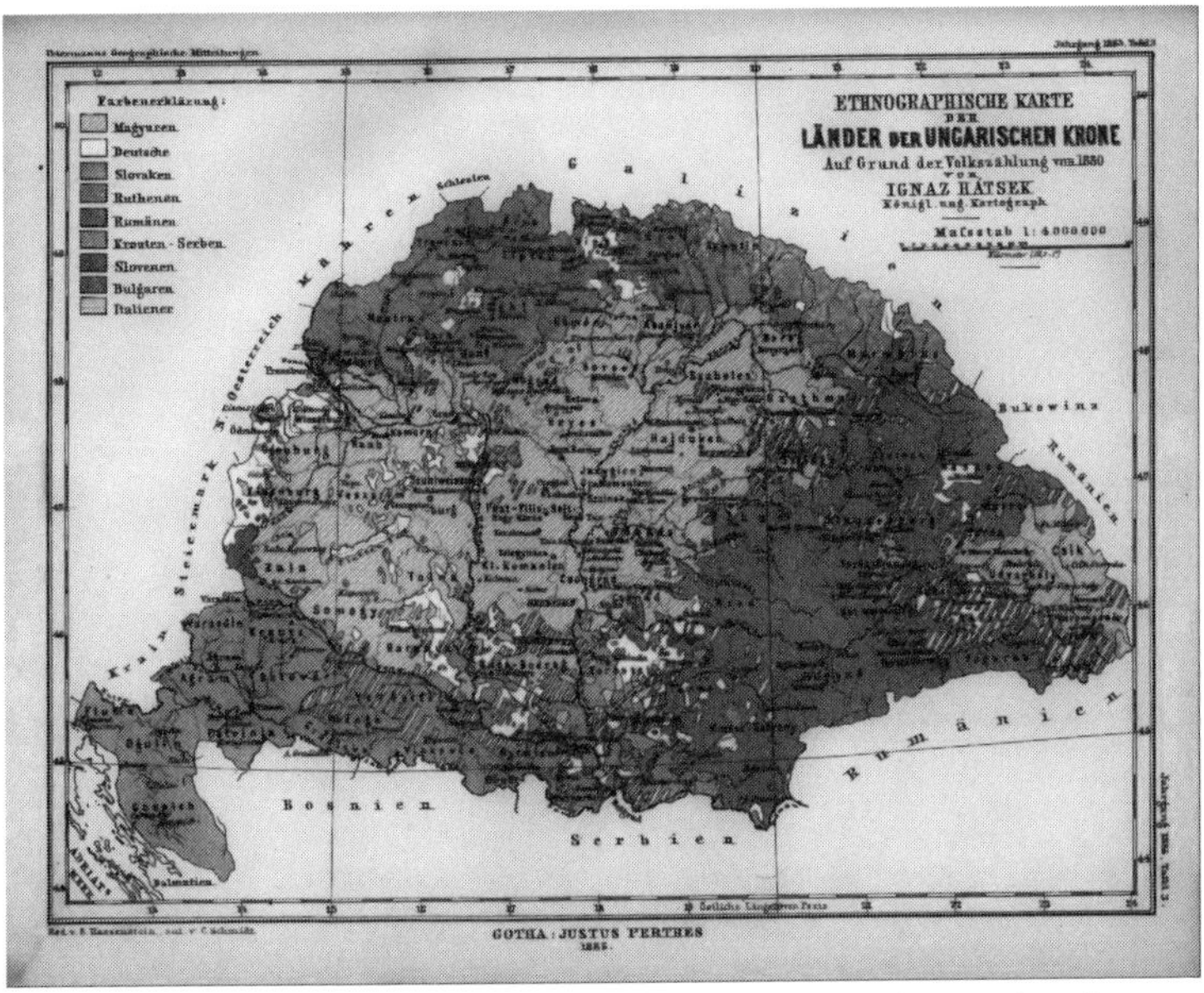

上：1880 年代のハンガリー［von Ignaz Hatsek. Red. v. B. Hassenstein, aut. v. C. Schmidt］
下：現在のハンガリー

れてロンドンやエディンバラで英国の進んだ鉄道を見聞する機会を与えられた。

セシルとの出会い

ミハーイ・ポラチェックは、妻となるセシルとウィーンで出会い、一八八一年に結婚した。セシルは、セシル・ヴォール（Cecile Wohl）として六二年ロシアのヴィルナ（Vilna）に生まれた。現在のリトアニアのヴィルニュス（Vilnius）である。彼女の父アンドレアスは、ユダヤ教の開明的なラビだった。

ヴィルナでギムナジウムに通った彼女は、優秀な成績で卒業した。当時は、女性がギムナジウムを卒業すること自体が珍しかったと思われるので、才能がうかがわれる。やがてセシルは、社会主義やアナーキズムの学生運動に関心を持つようになった。官憲の弾圧を恐れた父親は、七九年、セシルをウィーンに送り出す。彼女はウィーンの宝石店で働くことになり、当地で自分のビジネスを始めていたポラチェックと知り合うことになった。

ロシア（リトアニア）からウィーンへの移動は、かつての東欧のイメージを引きずると理解しにくい。だが、中央ヨーロッパの地図をよく眺めていただければ、さほど奇異ではない。現在のリトアニアは、ポーランドに隣接している。今日ポーランド南部に位置するガリツィアは、当時オーストリア領だった。その西に隣接するシュレージェンは、プロイセンに奪われるまでハプスブルク領である。プロイセン自体、現在の北ポーランドに起源を持つ。歴史的には、互いにご近所というわけである。長年の領土紛争と協調の入り交じった地域であった。ついでながら、ロシアとウクライナの戦争で一躍有名になったリビウは、このころはウクライナ領ではなく、ハプスブルク領（オーストリア領）ガリツィアのリンベルクであり、その後ポーランド領リヴフとなった。

ウィーンで結婚したポラチェック夫妻は、八〇年代の終わりごろにブダペストに引っ越した。従って、ポランニーの兄のカールはウィーンで生まれ、マイケルはブダペストで誕生したことになる。家庭での会話はドイツ語で、ハンガリー語を嫌っていたセシルは最後までハンガリー語をマスターできなかったという。ポランニー家には、英語やフランス語の家庭教師がいた。父ポラチェックはフランス語が堪能だった。長女のラウラは、ロシアの祖父にドイツ語とフランス語で手紙を書いた。孫への返事には、自分の娘セシルにあてて祖父アンドレアスのロシア語のメッセージが添えられているのが常だった。[5] 多言語に堪能な家庭であったのだ。というよりは、国境がしばしば変わり、かつ多民族国家がひしめく中央ヨーロッパでは、多言語を話すことが必須だったとも言える。

後に詳しく述べるが、ポランニーの生まれた一八九〇年代のブダペストは、バブル的景気の中にあった。中央ヨーロッパにおける鉄道も拡張期にあり、ブダペストは鉄道の国内外のハブだった。九〇年代、ハンガリー国内だけでも五五〇〇キロもの鉄道が建設された。[6] 父ミハーイ・ポラチェックの鉄道建設事業は順調で、一家はブダペストのシャンゼリゼともいえるアンドラーシ通り二番地の大きなアパートメント・ハウスに暮らした。父の事務所も同じ建物にあった。その建物は現存するが、それが建つアンドラーシ通りとバイチー・ジリンスキー通りの交差点は、さながら東京の銀座四丁目の交差点のようなところである。

その豪邸に花を添えたのが、妻セシルが毎週開くサロンだった。活発で開明的なセシルは、結婚直後のウィーン時代から女友達の集まりを開き、やがて最先端の若い男女も参加するようになった。この「セシル・ママのサロン」は、芸術家、小説家、学者などを集め、約三〇年間も続くことになる。[7] そこでは、西欧の進んだ思想が常に話題となり、フロイトも論じられた。

当時のハンガリーでは、西欧や西方は進歩を意味していた。西方（Nyugati）というハンガリー語は、開明的な雑誌のタイトルにもなった。セシルのサロンは、ジョルジュ・ルカーチらの日曜サークル、セシルの息子カールらのガリレオ・サークルと並ぶ、ブダペストの知的沸騰の中心だった。

革命思想との関わり

ミハーイ・ポラチェックの家族は、裕福な家庭であるにもかかわらず、無政府主義やロシア革命に

上：旧ポランニー家
下：館の銘板（カールとマイケルの名がハンガリー語で記されている）
［ともに著者撮影］

つながる左翼的な匂いが漂っていた。マイケル・ポランニーの父方の従兄弟エルヴィン・サボー(Ervin Szabó)はサンディカリストの労働運動の指導者であり、一時は社会民主党に加わった[8]。ポランニーは、この年長の従兄弟の膝の上で読み書きを学んだという[9]。

母セシルに伴って故郷からウィーンにやってきた友人アンナの夫は、サミュエル・クラチュコ(一八五一〜一九一四、Samuel Klatschko)という人物だった。クラチュコは、元々はロシアのナロードニキの革命運動家である。彼は、トロツキーの親しい友人でもあった。ポランニー一家は、ウィーンのクラチュコ一家の自宅やセメリンク峠(オーストリア・アルプス東端の観光地)でのバカンスで一緒に時を過ごした[10]。

このような環境は、カールとマイケルの兄弟にも、影響を与えずにはいなかったはずである。晩年の強い反共主義から、マイケルは終始反共主義者だったと考えるのは危険なのだが、このことは本書で徐々に明らかにされるであろう。

ミンタ・ギムナジウム

一九〇〇年、マイケル・ポランニーは、ブダペストのミンタ・ギムナジウムに入学した。このギムナジウムは、ハンガリーの近代化と科学を考える上でも重要であるので、すこし詳しく論じよう。それは、ハンガリーの近代化の成果の一つであった。

ハンガリーの近代化は、おおざっぱに言うと二つの段階を経て行われた。その最初は、一八四八年のパリ二月革命の影響下で勃発した革命運動である。フランスの二月革命に呼応するように、翌三月に急進派の青年たちが蜂起した。翌年四月には、当時ハプスブルク家の支配下にあったハンガリーを独立させようと、ハンガリー議会は独立を宣言した。だが、オーストリアの配下にあったクロアチア軍が攻め入り、新政府を弱体化させた。最終的には、オーストリアはロシアの援軍を得た。その力は圧倒的で、革命はわずか四ヶ月で鎮圧されてしまう。とはいえ、その影響は潜在化して残った。

近代化の第二段階は、一八六七年のオーストリア＝ハンガリー帝国の誕生である。革命失敗後のハンガリーで報復的な圧政を敷いたオーストリアではあるが、本家の屋台骨が揺らいできていたのだ。その大きな原因の一つは、一八世紀に急速に勢力を伸ばしたプロイセンである。ドイツ圏の覇権を争って対立する両国は、一八六六年、ボヘミアで激突した。ビスマルクの政治力、参謀総長モルトケの軍略、鉄道や電信、クルップの大砲というハイテクを活用したプロイセンは圧倒的だった。旧態依然としていたハプスブルク家は決定的に敗北し、ドイツ連邦から弾き出された。これに先立つ五九年には、ソルフェリーノの戦いでフランス＝イタリア（サルディニア）の連合軍にも敗れており、国家の衰退は明白だった。生き残りのために、近隣で勢いのあるハンガリーと組むことを強いられる。

すでに六五年、老練なハンガリーの政治家フェレンツ・デアーク（一八〇三〜七六、Ferenc Deák）は、オーストリアとハンガリーの歴史的妥協を唱えていた。ハプスブルク帝国の存続がハンガリーにとって肝要と一歩譲った上で、ハンガリーの立憲状態の再建と、共通の安全保障などを内容としていた。[11]

一八六七年、両国の代表の間で「アウスグライヒ（Ausgleich、妥協）」が結ばれ、オーストリア＝ハンガリー帝国が成立する。この体制下でオーストリアとハンガリー両国はほぼ対等とされ、それぞれの首相と議会を持った（二重帝国）。ただし、外交、国防、財政については両国の協議で進められ、ウィーンにある共通の省の管轄下に置かれた。

ハンガリーの近代化の端緒はすでに一九世紀前半から見られていたが、アウスグライヒを契機としてハンガリーの社会・経済は急速かつ本格的に発展する。教育も整備され、ギムナジウムの数も、世紀末に向けて四倍の一二校となった。[12] ポランニーの通ったミンタ・ギムナジウムは、教育面での近代化を代表するものだった。

ミンタ・ギムナジウムを創設したのはモール・カールマーン（一八四三～一九一五、Mór Kármán）という人物で、ブダペスト大学[13]の著名な教育学の教授だった。ミンタ（minta）とは、規範あるいはモデルを意味するハンガリー語で、改革の中でのこの学校の重要性がうかがわれる。

カールマーンの改革は、彼一人の力ではなく、その背後には、詩人、作家で宗教文部大臣のジョジェフ・エトヴェシュ（一八一三～七一、József Eötvös）がいた。[14] 一八六九年、ジョジェフ・エトヴェシュは、若きモール・カールマーンをライプツィッヒ大学に派遣する。トゥイスコン・ツィラー（一八一七～八二、Tuiskon Ziller）の下で、ドイツの新しい教育法を学ばせるためだ。[15]

ツィラーは、教育学の大家ヨハン・ヘルバルト（一七七六～一八四一）の高弟であった。恩師ヘルバルトはケーニヒスベルク大学の大哲学者エマニュエル・カントの後継者で、哲学、教育学を講じた。後にヘルバルトは、ゲッティンゲン大学の哲学部長となる。若いころペスタロッチに会って影響を受け、ドイツの教育研究を学問としての教育学に高めた。ケーニヒスベルク大学では、付属の実習学校を創設している。

モール・カールマーンは、一八七二年にライプツィッヒからハンガリーに戻ると、ドイツ型教育システムのハンガリーへの導入を実行した。(16)モールはギムナジウムの三年間の学科課程の確立を提案したが、これは当時教会の影響下にあったギムナジウムの宗教色を弱めることを意味していたという。(17)

モールはまた、七二年に、大学生が教育を実地で学ぶための実習学校を設置した。恩師ツィラーの師ヘルバルトと同じ取り組みである。モールが校長となった「実習上級ギムナジウム」は、新教育の模範（ミンタ）となるギムナジウムとして、「ミンタ・ギムナジウム」と通称されるようになった。(18)このギムナジウムでは、ブダペスト大学の卒業生が教育実践に取り組んだ。教育へのこうした貢献などが認められて、一九〇七年、モールはフランツ・ヨーゼフ皇帝から爵位を授けられた。

父の破産

裕福だったはずのマイケル・ポランニーであるが、ミンタ・ギムナジウムに入学したとき、彼は貧しいユダヤ人のための奨学金で入学している。(19)順調だった父ミハーイの会社が突然破綻したのだ。当時父親は、ドナウの谷からスロヴァキア、ポーランドに向かう路線を建設中だった。だが三ヶ月もの間、鉄道工事現場に雨が降り続き、鉄路が流出してしまった。工事は取りやめとなり、ポラチェックは約二〇〇〇人の労働者の賃金などを支払う羽目になる。家財を売り払い、一家は豪華なアパートメント・ハウスから小さなアパートに引っ越しを余儀なくされた。

幸い父親は、メッセ・フランクフルトという会社に雇ってもらうことができた。だが、旅をしながらの仕事だった。一九〇五年、ポランニーのギムナジウム在学中、その父が突然肺炎で亡くなる。救いは、前年にラウラが裕福な事業家と結婚しており、一家を支える大黒柱となったことだ。一家が傾く中でも、母セシルはサロンを続けることができた。

長女・ラウラ

ポラチェック家の長女ラウラは、母セシル同様に進取の気性の女性だった。ラウラは、ブダペストに最初にできた女性のためのギムナジウムに入学した。[20] 一九〇〇年にブダペスト大学に入り、結婚のため時間はかかったが、九年後に歴史の学位を取得している。ラウラは、元々は従兄弟の社会運動家エルヴィン・サボーの恋人だった。そのラウラが、一九〇四年にシャーンドル・シュトリッケル（Sandor Striker）という一三歳年上の事業家と突然結婚したことは、両親を驚かせた。[21]

一九一一年、ラウラは、自宅のアパートメント・ハウスに実験的な幼稚園を開園した。リトミックとして知られることになる、ジャック＝ダルクローズの手法を採用したのだ。ウィーン生まれのスイスの音楽家、エミール・ジャック＝ダルクローズ（一八六五〜一九五〇、Emile Jacques-Dalcroze）は、身体の動きを通じて音楽を修得するという考えを提唱した。五〜六歳の子どもを対象としたラウラの幼稚園では、ブダペストらしく、ドイツ語、フランス語、英語が飛び交った。

その手伝いにジュネーブからやってきたジャネット・オディエ（Jeannette Odier）はマイケル・ポランニーの恋人となり、一度は結婚の約束をした。彼らの話題は文学や絵画で、会話はフランス語だった。[22]

この幼稚園に通った一人に、ケストレル・アルトゥール（Köztler Artúr）という六歳の少年がいた。

文筆家で哲学者として知られる、アーサー・ケストラー（一九〇五～八三、Arthur Koestler）の幼少時代である。ラウラの娘のエーヴァ（一九〇六～二〇一一、Eva Striker）も入園し、ケストラーとは生涯の友人となる。ケストラーとマイケル・ポランニーも親しい友人であったことは言うまでもない。

ラウラの娘エーヴァの一〇〇年を越える生涯は、それだけで一冊の本が書けるほどの波乱に満ちている。エーヴァの生涯については後ほど触れるが、ハンガリー現象の科学者やマイケル・ポランニーの思想形成にも関係がある。ぜひ名前を記憶にとどめておいていただきたい。

（1）Scott & Moleski (2005), p. 5.
（2）*Ibid.*, pp. 12-3.
（3）邦訳、ダイヤモンド社、一九七九年、一九一ページ以下。
（4）栗本（一九八二年）、九六ページ。
（5）Scott & Moleski (2005), p. 8.
（6）栗本（一九八二年）、九三ページ、ルカーチ（一九九一年）、七九ページ。
（7）Scott & Moleski (2005), p. 7; John Wakeman, 'Michael Polany', John Wakeman (ed), *World Authors*, vol. 4 (1950-70), Wilson, 1975, p. 1151l.
（8）栗本（一九八二年）、一二〇ページ。
（9）Scott & Moleski (2005), p. 10.
（10）*Ibid.*, p. 18、栗本（一九八二年）、一二二ページ。
（11）南塚（二〇〇七年）、一九八ページ、サーヴァイ（一九九九年）、三五ページ、羽場（一九八九年）、四四～五ページ。

（12）ルカーチ（一九九一年）、一八〇ページ。
（13）現在はエトヴェシュ・ロラーンド大学と呼ばれ、略称・ＥＬＴＥ（エルテ）。
（14）サーヴァイ（一九九九年）、三七ページ。
（15）Frank (2007), p. 39.
（16）*Ibid.*, p. 40.
（17）カルマン（一九九五年）、一六ページ。
（18）現在はELTE Trefort Ágoston Gyakorlóiskola（実習ギムナジウム）。
（19）Scott & Moleski (2005), p. 15.
（20）Nye (2011), p. 6.
（21）栗本（一九八二年）、一二六ページ。
（22）Scott & Moleski (2005), p. 29.

第二章　ハンガリー現象の科学者

マイケル・ポランニーの大学時代に話を進める前に、彼の出身校であるミンタ・ギムナジウムについてもう少し触れたい。ミンタ・ギムナジウムでは、ポランニーのほかにも、著名な科学者が学んでいる。たとえば、カールマーン・トードル（一八八一〜一九六三、Kármán Tódor）や、テッレル・エデ（一九〇八〜二〇〇三、Teller Ede）である。いずれもハンガリー名であるが、英語風に書き直すと、後者はエドワード・テラー、前者はセオドア・カルマンとなる。テラーがアメリカの水爆の父であることは比較的よく知られている。

カルマンについては、理学系の方であれば流体に生じるカルマン渦列で名前をご存じかも知れない。(1)実はカルマンはミンタ・ギムナジウムの創設者、モール・カールマーンの息子である。父親がフランツ・ヨーゼフ皇帝から貴族に叙せられたので、その爵位を継いでセオドア・フォン・カルマン（Theodore von Kármán）と書かれることが多い。

理学ではなく工学の分野では、彼は航空工学の基礎を築いた人物としていっそう良く知られている。

ミンタ・ギムナジウム（奥はブダペスト大学）［著者撮影］

ドイツのアーヘン工科大学の教授を長く務めたが、五〇歳を過ぎてナチスに追われる形でアメリカに渡った。この地で、アメリカの空軍や航空機産業の基礎を作った一人となり、一九六三年の亡くなる直前に、ケネディー大統領からアメリカ国家科学賞（National Medal of Science）を授与された。

カルマンもテラーもアメリカ軍に深く関与したわけだが、このほかにも、米国の原爆開発にかかわったレオ・シラード（一八九八〜一九六四、Szilárd Leó、Leo Szilard）、ユージン・ウィグナー（一九〇二〜九五、Wigner Jenő、Eugene Wigner）、ジョン・フォン・ノイマン（一九〇三〜五七、Neumann János、John von Neumann）らのハンガリー人も有名である。

シラードは核連鎖反応のアイディアを思いつき、恩師で友人のアインシュタインを通じて、ローズベルト・アメリカ大統領に原爆の可能性を知らせた。ウィグナーは群論を量子力学に適用し、一九六三年にノーベル物理学賞を受賞した。ノイマンは、悪魔的な天才であるが、現在のコンピュータの原理（ノイマン型コンピュータ）を据えた人物としてもっともよく知られているかもしれない(2)。

この時期のハンガリーからは、彼ら以外にも多くの優秀な科学者が集中的に出現している。これを、科学史の世界では「ハンガリー現象（Hungarian Phenomenon）」と呼ぶ。興味深いことに、彼らの多くが、特定のギムナジウムの卒業者である。

科学者たちの名簿

次ページの表は、ハンガリー現象を専門に研究してきたハンガリー科学アカデミーのガーボル・パッロー博士がセミナー用に作成したものを下敷きにした名簿である。いままでに触れた科学者を含めて、一一名がリストされている。左の行から順に、氏名、生没年、出生地、ノーベル賞の受賞年、卒業したギムナジウム、卒業した大学、博士号を取得した大学が並んでいる。

まず全体の約半数に当たるノーベル賞受賞者に注目すると、ヘヴェシーは、同位体を放射線トレーサーとして使用することで化学賞を受賞した。セント＝ジェルジは、ビタミンCを発見した人物とされ、ノーベル生理学・医学賞の受賞者である。ベーケーシは聴力の物理機構の解明で同じく生理学・医学賞を授与された。次のウィグナーについては先に触れたが、その下にいる彼の親友ノイマンは、ノーベル賞を受賞していない。若くして癌で亡くなったからではないかと思われる。ガボールはホログラフィーの発明などの寄与で物理学賞を受賞している。受賞者ではないオロワンは日本ではあまり有名ではないが、金属の転移の研究などに寄与した工学分野で重要な人物である（後出）。

出生地を見ると、彼ら全員が首都ブダペストの生まれである。次の章で見るが、彼らは、ハンガリーの社会や経済が沸騰していた一八八〇年ごろから一九一〇年ごろまでに生まれている。

出身のギムナジウムを見ると、ミンタ・ギムナジウムの三名が目立つ。すでに言及したカルマン、ポランニー、テラーである。次に多いのが、二名が卒業したファショリ福音派ギムナジウム（Fasori

「ハンガリー現象」の科学者たち

氏名	生没年	出生地	ノーベル賞	ギムナジウム	大学 分野	博士号取得大学 年 分野
Kármán, Theodore von	1881-1963	Budapest		Minta	Bud.TH (Mecha.)	Göttingen 1908 (Mecha.)
Hevesy, Geörgyi	1885-1966	Budapest	1943	Piarist	Bud. Univ. (Chem.), Berlin TH	Freiburg 1908 (Phys.)
Polanyi, Michael	1891-1976	Budapest		Minta	Bud. Univ. (Med.)	Bud. Univ. 1917 (Chemistry)
Szent-Györgyi, Albert	1893-1986	Budapest	1937	Calvin	Bud. Univ. (Med.)	Bud. Univ. 1917 (MD)
Szilard, Leo	1898-1964	Budapest		K.Z. VI k. Real	Bud. TH (Mecha.)	Berlin 1922 (Phy.)
Békésy, Georg von	1899-1972	Budapest	1961	(Bud., Zurich)	Bern Univ. (Chem.)	Bud. Univ. 1923 (Phy.)
Wigner, Eugene	1902-1995	Budapest	1963	Fasori Lutheran	Bud. TH (Chem.Eng.)	Berlin TH 1924 (Phy. Chem.)
Orowan, Egon	1902-1989	Budapest		IX. k. állami főgimnázium	Vienna Univ. (Chem.)	Berlin TH 1932 (Phys.)
Neumann, John von	1903-1957	Budapest		Fasori Lutheran	ETH. (Chem.Eng.) 1925	Bud. Univ. 1926 (Math.)
Gabor, Dennis	1900-1979	Budapest	1971	Toldy	Bud. TH (Mecha.), Berlin TH	Berlin TH 1927 (Elec. Eng.)
Teller, Edward	1909-2003	Budapest		Minta	Bud. TH (Chem. Eng.), Karlsruhe	Leipzig, 1930 (Phy.)

Evangélikus Gimnázium、ルーテル派）である。ファショリとは、ハンガリー語で並木のことで、この学校が市民公園につながるメインのアプローチだった並木道に立地していることを意味する。ミンタ・ギムナジウムとは違って宗教系の学校であったが、自然科学の教育に力を入れていた。ウィグナーとノイマンはファショリ・ギムナジウムで一学年違いだが、生涯の親交を結ぶことになる。

　最後に、レオ・シラードの卒業したケメニー・ジグモンド第六区国立中央実科学校（VI. kerületi állami főreáliskola）に少し詳しく触れておこう。というのは、長年にわたって、シラードは「レアル」という名前の学校の卒業生と誤解されてきたからである（恥ずかしながら筆者も例外ではない）。ドイ

上：ファショリ福音派ギムナジウム
下：同ギムナジウムの銘板（ウィグナー、ノイマンの名がある）
［ともに著者撮影］

ケメニー・ジグモンド第６区国立中央実科学校［著者撮影］

ツ語のレアルは英語のリアルに当たる言葉で、固有名詞ではなく、実科（実業）を中心として教育する学校のことだ。ブダペストには、行政区単位で設置されていた。

　ところが、ドイツにおける実科学校（Realschule、レアルシューレ）は、ギムナジウムと違って即戦力を目指す工業高校的な位置づけで、ここで混乱が生じる。ハンガリーでは学校制度もドイツの影響を強く受けているが、一八七二年からギムナジウム水準の実科学校（実科ギムナジウム）が設立された。ジョジェフ・エトヴェシュ亡きあと宗教教育大臣を引き継いだ彼の友人アーゴストン・トレフォルト（一八一七〜八八、Ágoston Trefort）による改革である。古典語の教育を重視する通常のギムナジウムと違って、現代語、科学、技術などの実学にも力を入れていた[3]。

　シラードの父親は息子が自分と同じエンジニアになることを望んだので、ここが選ばれた。当時は一八九八年に建物ができたばかりの学校で、ハンガリーで最高の実験施設を誇っていたという。ついでながら、ポランニーの親しい友人であるアーサー・ケストラーもこの学校の出身である。彼は科学者ではないので、この科学者の表には入っていない。

　ここでは科学の分野に限って「ハンガリー現象」に注目する。だが、同時期のハンガリーからは、数々の有名人が出ている。カルマンと同じ年生まれの音楽家ベーラ・バルトーク（一八八一〜一九四

五、Béla Bartók）、一歳年下の音楽家ゾルターン・コダーイ（一八八二～一九六七、Zoltán Kodály）、知識社会学者でカールとマイケルの親しい論争相手のカール・マンハイム（一八九三～一九四七、Manheim Károly、Karl Mannheim）、やや年長の哲学者で文芸評論家のジョルジュ・ルカーチ（一八八五～一九七一、György Lukács）など、分野を広げると無数のハンガリー人に行き当たる。

すでに一九六八年、ノーベル賞物理学者エンリコ・フェルミの妻ローラ・フェルミは興味深い記述をしている。亡命先のアメリカで出版した著書『亡命の現代史』に、彼女は次のように書いた。

米国でしばしば問われる質問の一つに、ハンガリーは一九三〇年の人口がたった八六八万三七〇〇人という小国に過ぎないのに、驚異的な数にのぼる科学、学術、文学、芸術などのあらゆる知的分野の突出した人々をアメリカに送りこんだ、それはどうしてだろうかというものがある。(4)

本書はマイケル・ポランニーを主題とするものであるから、「ハンガリー現象」の原因について分析するものではない。だがもちろん、その原因を求めたくもなる。ハンガリー現象の一つの説明として、当時のハンガリーのギムナジウムの教育が優れていたというものがある。また、特定の教師の名前が挙げられることもある。実際、ハンガリーのギムナジウム教育は当時大きく改革された。しかし、マイケル・ポランニーをやがて巻き込んでいく政治経済の動乱を考えると、ギムナジウムの教育だけに原因を求めることは無理なのかも知れない。他にも考慮すべき社会条件がいくつもあるのではと思われるのだ。その中には、彼らのほとんどがユダヤ人であることも当然含まれよう。

タングル研究室助手

マイケル・ポランニーは、一九〇八年にミンタ・ギムナジウムを卒業し、医学を学ぶためにブダペスト大学に入学した。少し年長の友人ジョルジュ・ポーヤ（後にアメリカで活躍した数学者のジョージ・ポリア、George Polya、Pólya György、一八八七〜一九八五）と一緒に、老ローランド・エトヴェシュ（一八四八〜一九一九年、Loránd Eörvös、前出の文部大臣ジョジェフ・エトヴェシュの息子で一般相対性理論の実験的基礎づけを与えた）の物理学の授業を聞いた。(5) ポーヤは、ポランニーがいつも物理学のことばかり話していたという。(6)

ポーヤとマイケルは、政治的な活動でも一緒だった。大学に入学すると、マイケルは、兄カールやポーヤらが創設したばかりのガリレオ・サークルに加わった。マイケルはガリレオ・サークルの自然科学委員会に所属し、折に触れて物理や化学の話をしたという。(7)

ガリレオ・サークルは、社会主義的な思想に共鳴する人々の集まりではあったが、当初は文化サークルという色彩の濃いものだった。西欧の学門を援用してハンガリーの封建制を批判しようとしており、スペンサー、フロイト、マッハなどを論じた。学問の自由を弁護するとともに、公開セミナーなどを実践するという成果を挙げた。(8)

ポランニーが政治運動の場でも物理や化学の話をしたことからも分かるが、彼は医学に比べて科学により強い興味を持っていたと思われる。それでもポランニーが医学を選んだのは、家が貧しいので収入のためであるとガーボル・パッロー博士は言う。ポランニーは、科学は医学部でも学べると考えていたというのだ。

実際ポランニーは、大学入学の二学期目に、医学部のフェレンツ・タングル教授（一八六六〜一九一七、Ferenc Tangl）の無給助手となることができた。[9] ブダペスト大学出身のタングルは、ドイツなどで医学の研究や実践を重ねた。その後ブダペストの獣医学校で働き、一九〇三年にブダペスト大学に着任した。生理学は物理化学によって基礎づけられるべきと考える、科学研究志向の特徴ある医師だった。[10] このころはまだ、人体がどのような物質でできているのかも良くは分かっていなかった。その物理的、化学的性質も、未解明だった。

ポランニーの能力を認めたタングルは、彼のために三年間の奨学金を準備した。[11] 一九〇九年、一九歳のポランニーは最初の医学論文を書いた。ハンガリー語で発表されたその論文は、水頭症患者の体液の化学を扱っていた。体液の濃度や表面張力、伝導性などを正確に測定したものだ。[12] 翌年に出版した第二論文はドイツ語で、飢餓状態で血漿が物理化学的にどのように変化するかを主題としていた。[13]

ゲル状の生体内のコロイド[14]を調べるときに、ポランニーはその後のテーマとなる吸着現象と出会う。[15] タングルの指示に基づいて、コロイドの膨張、浸透圧、および表面張力の吸着に対する関係に熱力学の議論を適用する研究も行ったという。[16] 細胞表面の吸着は代謝と関係しており、現在でも重要な生物学的課題である。

医学生時代のこの時期にポランニーは、イグナーク・プフェイファー（一八六七〜一九四一、Ignác Pfeifer）というもう一人の支援者を得た。ブダペスト工科大学の新任教授だったプフェイファーは、金持ちの息子のお供という形で、一九一二年、ポランニーをドイツのカールスルーエ工科大学に送り出してくれた。プフェイファーがタングルの友人であったからか、あるいはガリレオ・サークルを通じてポランニーと知り合ったのではないかと推定されている。(17) 夏学期一学期の滞在ではあったが、ポランニーは物理化学の基礎や、電気化学、表面科学、触媒について学ぶことができた。(18)

カールスルーエ工科大学とフリッツ・ハーバー

ドイツの南西にあるカールスルーエ工科大学は、ドイツ最古の工科大学である。当時物理化学の研究の中心地で、その基礎はフリッツ・ハーバー（一八六八〜一九三四、Fritz Haber）によって据えられた。ベルリン工科大学で一八九一年に博士号を取得したハーバーは、職探しに苦労したが、九四年にカールスルーエ工科大学のハンス・ブンテの無給助手として採用された。有機化学や電気化学の研究で並外れた努力を重ね、一九〇六年に正教授に昇進する。(19)

一九〇四年ごろに水素と窒素からアンモニアを合成する研究を始め、〇八年、オスミウム触媒を使ってこれに成功した（一九一八年、ノーベル化学賞）。一三年、BASF社のカール・ボッシュの協力を得て工業化も達成される（ハーバー＝ボッシュ法）。アンモニアは窒素肥料の原料であり、空気からパンを作る方法として賞賛された。それは火薬の原料でもあった。もっともハーバーは、第一次世界大戦の際にドイツのために毒ガスを開発したので、「毒ガス博士」としての方が有名かも知れない。

ハーバーの研究室には、内外から研究者が集まった。日本からも田丸節郎（一八七九〜一九四四）が一九〇八年から留学し、ハーバーのアンモニア合成の仕事に協力した。「死ぬほど働く」とハーバーが評した田丸は、〇七年にゲッティンゲン大学のネルンストの下に留学した。だが、ハーバーを慕って翌年カールスルーエに転じた。二四年にハーバーが来日すると、当時理化学研究所にいた田丸は通訳を務めた（のちに東京工業大学教授）。

ベルリンにカイザー・ヴィルヘルム協会の研究所が創設されると、ハーバーは物理化学・電気化学研究の所長に選ばれた。一九一二年初頭、カールスルーエでハーバーをベルリンに送別する大きなパーティーが開催された。ポランニーがカールスルーエ工科大学に到着するのは、その数ヶ月後のことだ。したがって、この時期にポランニーが、後にベルリンで上司となるハーバーと面識があったかどうかは不明である。

毒ガス戦を指導するハーバー（左から2人目、1917年頃）［写真提供：Archives of the Max Planck Society, Berlin］

科学者としてのデビュー

ハーバーとの面識の有無はさて置くとして、ポランニーは、カールスルーエ工科大学でいくつかの重要な出会いをしている。ポランニーはここで、ワルシャワ出身の放射性物質の研究者カジミール・ファヤンス（一八八七〜一九七五、Kazimierz Fajans）と友人になった。ファヤンスは、原子の崩壊の研究で一九〇八年にノーベル賞を得たマンチェスター大学のラザフォードの下からドイツに戻ってきたところだった。ラザフォードの協力者フレデリック・ソディ（一八七七〜一九五六、Frederick Soddy）と並んで、アイソトープの理論の創始者の一人と言われる人物である。[20]

ポランニーは、ハーバーの同僚でその後任[21]となった物理化学の教授ゲオルグ・ブレディッヒ（一八六八～一九四四、Georg Bredig）の指導を得ることもできた。それによって、初めて本格的に学会に認められ始める。

ポランニーは、カールスルーエで、ネルンストの定理に関係する独自のアイディアを思いついた。それをブレディッヒに述べると、ブレディッヒは研究を続けてみるように助言した。カールスルーエでの勉強を終えてブダペストに戻ったポランニーは、医学をそっちのけで約半年研究を続けて論文を書いた。[22]

ネルンストの定理とは、有限回の操作で絶対零度に到達することはできないとするものである。ゲッティンゲン大学からベルリン大学に移って間もないネルンストによって、一九〇六年に発表された。気体や液体の実験に基づき、絶対零度に近づくとどんな変化に対してもエントロピーの変化がほぼゼロになることを解明したものだ。この定理はマックス・プランクによって精緻化され、完全結晶のエントロピーはゼロであるという熱力学第三法則となる。エントロピーは系の乱雑性を表すものであるから、絶対零度では系が完全な秩序を保つと解釈できる（統計力学的に言えば、微視的な状態の数Wがただ一つということである）。

ポランニーはこれを別の方向から解釈した。すなわち、無限の圧力下でも系の無秩序性は失われるはずだから、これでもエントロピーはゼロになるというのだ。ポランニーの論文を受け取ったブレディッヒは、自分では是非を判断できないとして、これをアインシュタインに送った。[23]アインシュタインはすでに一九〇五年に歴史に残る三編の論文を発表してはいたが、まだ三〇代半ばで、有名になり始めたところだった。

一九一三年一月三〇日のものとされるブレディッヒ宛の手紙で、アインシュタインは「あなたのポランニー氏の論文を私は非常に気に入りました。まず論文をよく検討しまして、原理的にはすべて正しいと思います。圧力無限の際のエントロピーが温度ゼロの際のように振る舞うという考察はとても見事です」と述べた。そして、圧力が無限の状態では弾性定数が無限に増加するだろうから「この命題はデバイの見事な比熱の法則の推論からじかに導出されます」と指摘している[24]。

アインシュタインのお墨付きを得たポランニーは、ブレディッヒのすすめに従って論文としてドイツ物理学会誌に成果を発表した。彼は「やった、科学者になった」と感じたという[25]。

ポランニーは後になって、彼のこの論文に反響はなかったと語っている[26]。だが、シカゴ大学の図書館に残されたポランニーの遺稿のコレクションからは、一九一三年八月頃から、ポランニーがベルリン大学の指導的物理化学者ネルンストとこの主題をめぐって手紙のやりとりをしていたことが分かっている[27]。ネルンストは、アインシュタインとは反対に、ポランニーの議論に批判的であった。彼は、手紙では議論しきれないので、直接会って議論したいと書いてきた。また、ポランニーの数学的弱さを指摘しているという。数学をポランニーが苦手にしていたことは、ギムナジウムの友人も証言している[28]。ポランニーの下に留学した児玉信次郎も、ポランニーは、数式は数学者に導いてもらうと答えたと書いている[29]。ネルンスト自身も指摘したようだが、ポランニーの議論は、当時達成可能な圧力では確かめ難いものでもあった[30]。

ポランニーは、ネルンストの定理と熱力学第二法則の関係についてもネルンストとやりとりした。彼の考察はドイツ語論文として一四年に発表されたが、ネルンストはいくつかの間違いを修正させたという。ポランニーとネルンスト、あるいはアインシュタインとのやりとりの詳細は現段階ではよく分からず、専門家の詳しい分析が待たれるところである。

いずれにしても、この時期のポランニーが、アインシュタインやネルンストという主要な科学者に議論の相手と見なされていたことは重要である。本人自身が感じていたように、彼は科学者への歩みを始めたのだ。[31]

一九一三年四月、ブダペスト大学の医学のコースを終えると、[32]ポランニーは、再びカールスルーエ工科大学に戻った。またもお金持ちのお供をしたのだ。今度は約一年弱の滞在で、一九一三年一〇月から一四年六月までの二つの学期に、物理化学だけではなく、有機化学、化学実験、機械工学、高等数学などの授業に出席することができた。[33]本人によれば、滞在が終わるころまでにいくつかの論文を書いた。その中には、後の博士論文の主題となるガスの吸着を扱ったものがあったという。[34]

（1）カルマン・フィルターの発明者の Rudolf Kálmán もブダペスト生まれ（一九三〇～二〇一六）であるが別人。
（2）原爆については、ウィグナーは原子炉の設計に、ノイマンは原爆を点火する衝撃波の計算（爆縮レンズ）に貢献した。
（3）Frank (2007), pp. 47–8; Frank (2009), p. 58.

（4）フェルミ（一九七二年）、六五ページを、一九六八年の原著 p. 53 により改訳。
（5）Nye (2011), p. 9.
（6）Scott & Moleski (2005), p. 21.
（7）Nye (2011), pp. 8–9; Scott & Moleski (2005), pp. 21–2.
（8）羽場（一九八九年）、一四八ページ。
（9）Palló (1998), p. 40; Scott & Moleski (2005), p. 40.
（10）Palló (1998), p. 41; Scott & Moleski (2005), p. 24.
（11）*Ibid.*, p. 24.
（12）Palló (1998), p. 41.
（13）第一論文のドイツ語版が、同じ雑誌の直後のページに印刷されている。
（14）媒質中に油滴や微粒子が分散した状態で、塗料や牛乳などはその例。ゲルの例としては、ゼリーやこんにゃくなどがある。
（15）Nye (2011), pp. 9–10.
（16）Scott & Moleski (2005), p. 25.
（17）Palló (1998), p. 41.
（18）Scott & Moleski (2005), p. 26; Palló (1998), p. 41.
（19）宮田（二〇〇七年）、四〇ページ以下。
（20）Nye (2011), p. 39. ラザフォードが原子の有核モデルを提唱したのは、一九一一年。
（21）宮田（二〇〇七年）、八七ページ。
（22）Wakeman (1975), p. 1151l.
（23）書簡の詳しいやりとりについては、Nye (2000), p. 370 & 391; Nye (2011), p. 87.
（24）*The Collected Papers of Albert Einstein*, Vol. 5, Princeton UP, 1993, p. 514 のドイツ語より試訳。
（25）Nye (2011), p. 87; Wakeman (1975), p. 1151l.

（26）*Ibid.*

（27）Scott & Moleski (2005), pp. 30–1.

（28）*Ibid.*, p. 21

（29）大塚他（一九八七年）、二六九ページ。

（30）Scott & Moleski (2005), pp. 27–8 & 30.

（31）*Ibid.*, p. 34.

（32）Nye (2000), p. 10.

（33）Scott & Moleski (2005), p. 31 & 300.

（34）Wakeman (1975), p. 1151r. スコットらの分析では、彼はガスが理想気体として吸着される場合を検討した。慶伊富長の分析を考慮すると、オイケンの理論を扱ったものではないかと思われる。加えて、フロイントリッヒの吸着曲線を適用してみているともいう。だが、いずれも満足のいく結果を与えなかった（Scott & Moleski, 2005, pp. 31–2）。

第三章　バブル経済から爛熟へ

二度目のカールスルーエ滞在からポランニーが帰国した直後、大事件が起こった。欧州を戦渦に巻き込むことになる第一次世界大戦の勃発である。

ここまでハンガリーという国の歴史については余り詳しく書いてこなかった。ポランニーの生まれた時代のハンガリーが多民族から成り立つ大きな国家だったことに触れた程度である。ここで少し紙数を割いて、ハンガリーの歴史と成り立ちを紹介したい。それは、第一次世界大戦後のハンガリーの悲劇を知るためにぜひとも必要だからである。

ハンガリー王国の成立

現在のハンガリーは、人口約九七〇万、面積は日本の約四分の一の中欧の小国である。[1] 住民の約九割はマジャール人で、ウラル語族のフィン・ウゴル語派に属するハンガリー語を母語とする。フィンランド語と同族である。フィン・ウゴル語派は日本語と同じく膠着語の一種で、単語の後に助詞に相当する接尾辞をつけて文法上の関係を表す。(2) 繰り返しになるが、ハンガリーでは、人名も、日本同様に「姓」「名」の順で書かれる。

ハンガリー語はきわめて独特のアクセントを持つので、第二次大戦時にナチスを逃れ亡命してきた科学者たちの交わす会話を耳にしたアメリカの同僚は、並外れた才能の彼らは火星から来たのではないのかと噂したほどだという。(3)

ハンガリーを構成する主要民族であるマジャール人は、紀元五世紀頃にはウラル山脈とその西側のヴォルガ川の間に広がるステップに暮らす遊牧民であった。(4) モンゴロイドの遺伝子を持っていて、西方と混血の進んだ現在でも乳児に蒙古斑が現れることがあるそうだ。

ウラル地域に住んでいたマジャール人が西に向かって民族移動し、黒海北岸などを経てカルパチア盆地に達したのは西暦八九五年ごろだという（日本では平安時代）。(5) 現在のハンガリーを収めるカルパチア盆地は、北と東をカルパチア山脈に、西側をヨーロッパ・アルプスに、南をアドリア海に沿って伸びるディナル・アルプスに囲まれている。種々の経緯はあったが、それはオーストリア＝ハンガリー帝国時代まで同様だった。単純化すれば、ハンガリーは、山脈という自然境界によって輪郭を定められていたのである。(6)

だが、マジャール人がのちの大首長アールパードらに導かれてカルパチア盆地に到着したとき、そこには先住民がいた。スラブ人である。マジャール人は、そこに割り込んでいったことになる。そのときルーマニア人の先祖ダキア・ローマ人もこの地域に住んでいた、というのが現在のルーマニアの主張である。いずれにしても、カルパチア山脈が西に回り込むトランシルバニア地方は、長い間マジャール人とルーマニア人の入り組んだ地域であった。北方のカルパチア山脈にはスラブ系のスロヴァキア人が、西南方向には南スラブ人が現在のハンガリーを囲むように住んでいた。彼らを内に覆うようにハンガリー王国が広がる構造だった。その南には、人種のるつぼ、バルカンが隣接していた。

東方から来たマジャール人は、ヨーロッパにとっては異民族であり、異教徒である。大首長アールパードの曽孫ゲーザは、ハンガリーをキリスト教の王国とすることで生き残りを狙った。彼の息子はローマから王冠を授けられ、一〇〇〇年、イシュトヴァーン一世として戴冠する。それ以来ハンガリーは、カトリックの国家となった。エステルゴム（ブダペストの北北西にあるドナウ川沿いの町）を都として、先に述べた自然境界をほぼ覆う広い領土を支配した。

ブダペストの成立

ブダペストは、ウィーンからドナウ川を下って二五〇キロほどのところにある。アウトバーンを高級車で飛ばせば数時間しかかからない。船でゆっくり旅をしても六時間ほどで、ドナウの両岸に広がっている町が見えてくる。その美しさは、ドナウの真珠と呼ばれるほどだ。東西冷戦のイメージを引きずってブダペストを訪れると、ウィーンからの近さと、西欧風の街並みにおどろかされるに違いない。

いまブダペストを散歩すると、古くからある街だと考えやすい。だが、都市としての現在のブダペストができたのは意外と新しい。一八七三年、ドナウ河畔のペスト、ブダ、オーブダという別々の三つの町が統一されてブダペストとなった。

1900年のブダペスト

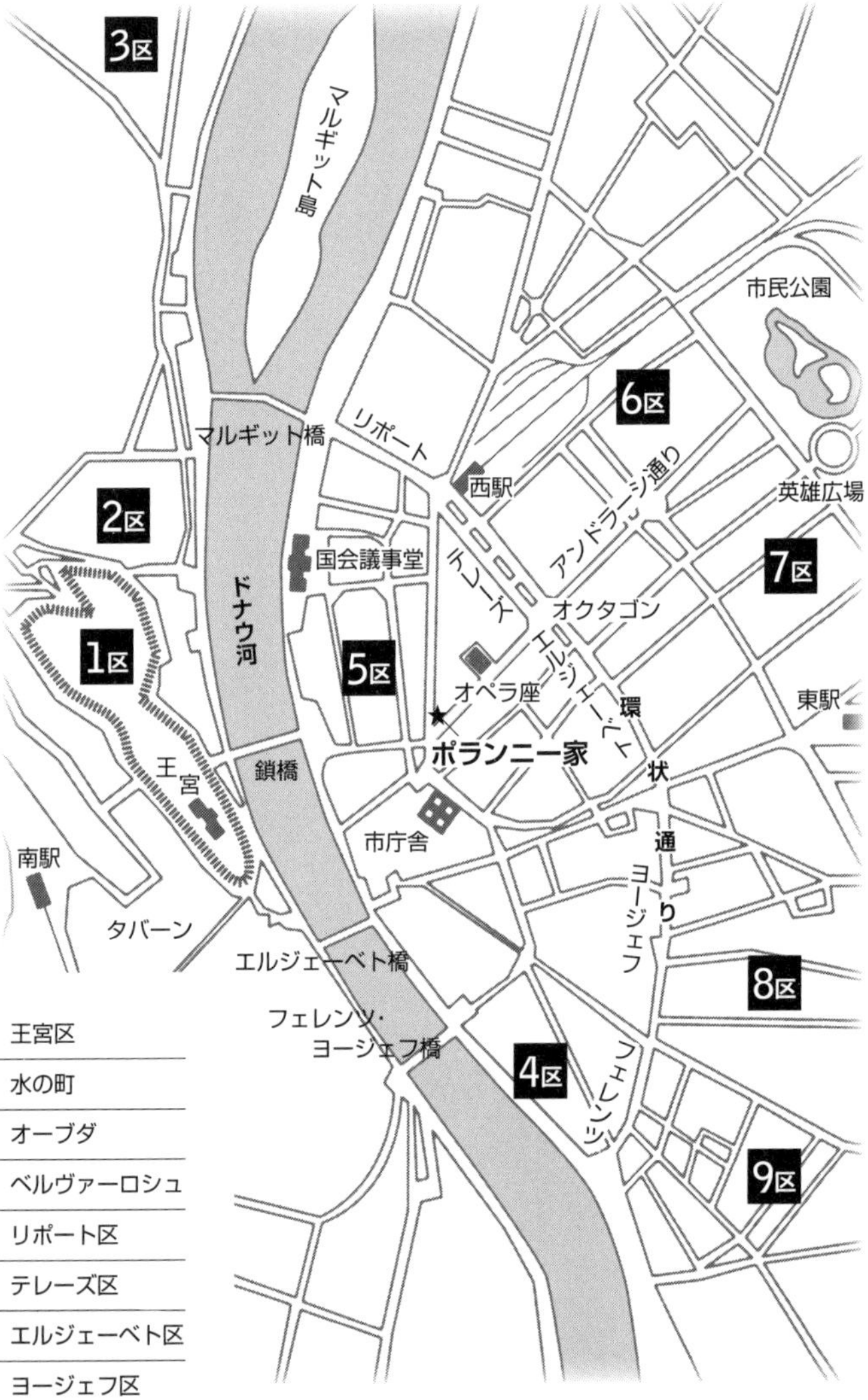

1区　王宮区

2区　水の町

3区　オーブダ

4区　ベルヴァーロシュ

5区　リポート区

6区　テレーズ区

7区　エルジェーベト区

8区　ヨージェフ区

9区　フェレンツ区

［ルカーチ（1991 年）p. 144ff の図をもとに作成］

この中で最も古いのは西岸の小さな町オーブダで、ハンガリー語で「旧ブダ」を意味する。早くも古代ローマ時代に、ローマ人がアクインクムと名付けて、属州パンノニアの軍事拠点となっていた。当時の円形劇場はいまも遺されている。

中世に入ると、一三世紀中頃から、オーブダのやや南にあるブダが首都となる。ここは小高い丘である。王宮の置かれた西岸のブダは政治・文化の中心として、その対岸の平地に市壁で囲まれたペストの町は経済の中心地として成長していく。

一五世紀のマーチャーシュ王の時代、ブダの王宮ではルネッサンス文化が花開いた。ナポリ王国から妻を迎え、イタリアの学者や芸術家が招かれた。マーチャーシュ王の勢力は強大で、ボヘミア王にも選ばれるほどだった。草創期のハプスブルク家の混乱のすきに、ウィーンを占拠したこともある。

マーチャーシュ王の死後、ハンガリーは衰退を始める。ハンガリーを脅かしたのは、一三世紀末の成立から急速に勢力を伸ばし始めたオスマン帝国だった。ハンガリーの南に隣接するバルカン半島の地域では、ブルガリア、セルビア、ボスニア、クロアチア、ワラキアといった王国が消長を繰り返していた。このバルカン半島を平定したオスマン帝国は、一五二六年、モハーチの町の近郊の戦いで、ハンガリー軍を打ち破った。ハンガリー国王ラヨシュ二世も戦死した。

一五四一年にオスマン帝国はブダを占領し、その支配は一六八六年まで一〇〇年間以上継続した。その間のハンガリーは三分割され、オスマン帝国が支配する地域（ブダやペストを含む）、緩衝地帯であるトランシルヴァニア（宗主権はオスマン帝国）、そしてかつての支配地域の西部と北部にわずかに残されたハンガリー王国となった。

1458年
マーチャーシュ王時代のハンガリー

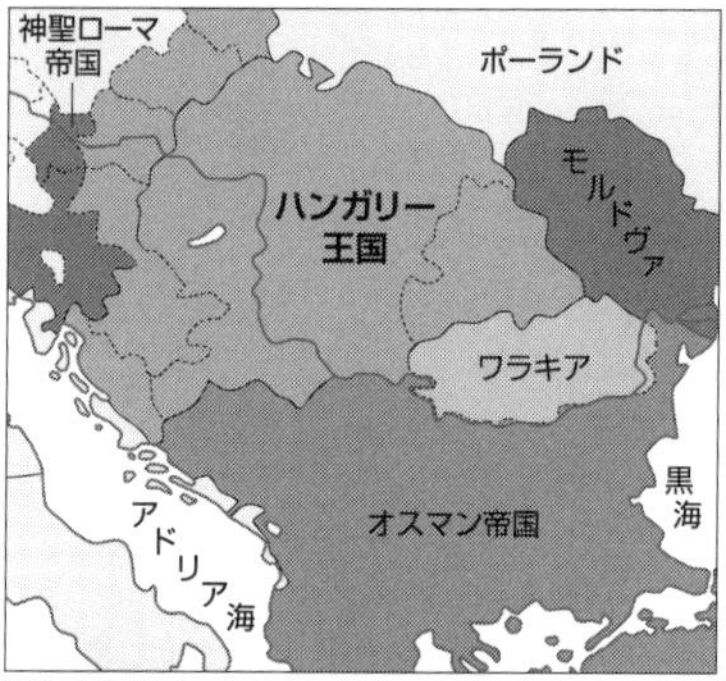

1650年頃
オスマン時代に3分割されたハンガリー

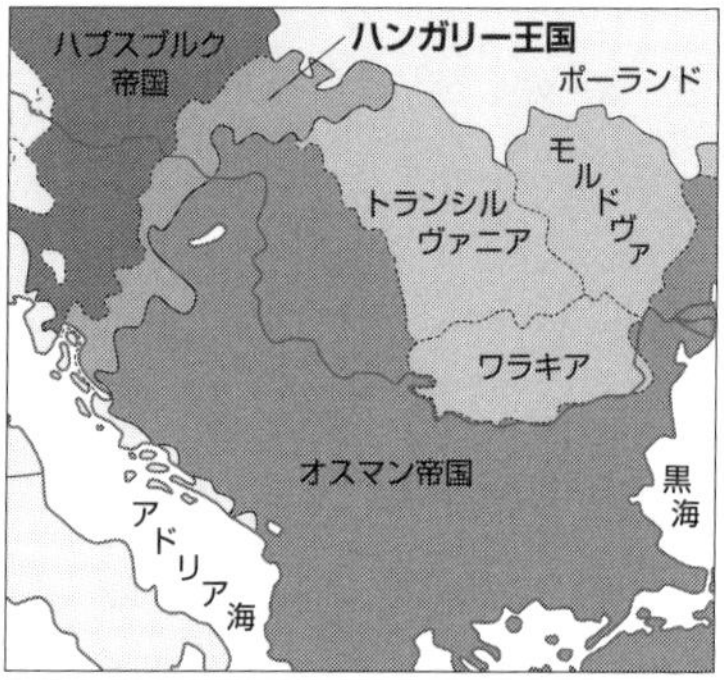

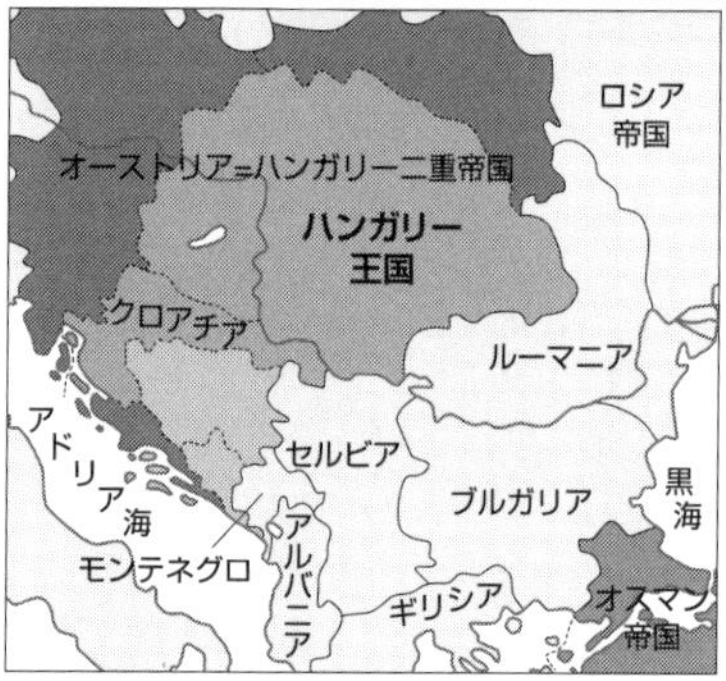

1914年
オーストリア=ハンガリー二重帝国末期の
ハンガリー

1920年
トリアノン条約で小さくなったハンガリー

［早稲田（2001年）p.31の図をもとに作成］

この時期以降のハンガリーを理解するには、ハプスブルク家との関係が重要である。一三世紀以降ウィーンを軸として栄えたハプスブルク家は、一時期を除き神聖ローマ帝国の皇帝を輩出し続けていた。この皇帝の地位は、ドイツ圏の支配者を意味する。巧みな婚姻政策で領土を世界中に広げた同家は、一六世紀には日の沈まない帝国を作り上げた。

オスマンの時期にかろうじて残されたハンガリー王国も、複雑な婚姻関係の中で、一六世紀からハプスブルク家の血縁に支配される。一六八三年のウィーン包囲失敗以降、オスマンの退潮が始まる。一七世紀の終わりまでにオスマン帝国が去ると、今度はハンガリーの全領域がハプスブルク家の支配下に入ることになった。

それに先立つ一七〇三年、ブダとペストは、ウィーンからの許しを得てハンガリー王国の自由都市の地位を回復した。王宮のあるブダにはドイツ語を話す保守的なカトリックが多く住んだ。これに対して、経済の中心ペストの住人はリベラルなプロテスタントが多かった(7)。ブダには丘がいくつか広がるがペストは平地で、地形的にも対照的である。

ブダとペストはやがて一体化が進み、一八四〇年代にはすでにペスト＝ブダと呼ばれるようになっていた。有名な大貴族イシュトヴァーン・セーチェニは、その二つの街を恒久的な橋で結ぶことを計画した。マリア・テレジアの息子で、ハプスブルク家の啓蒙君主ヨーゼフ二世（一七四一〜九〇）は、都市化の推進を構想していた。セーチェニは、彼の近代化の夢を実際に推し進めた。蒸気機関を用いた製粉工場建設を後援したのもセーチェニであった(8)。

ブダとペストをつなぐ最初の橋が落成したのは、一八四九年のことである。現在もブダペストの絶好の観光スポットであるセーチェニ伯の鎖橋だ。この橋は、ウィリアム・クラークとアダム・クラークというイギリス人エンジニアの設計による。鎖橋は、セーチェニ

鎖橋［© AKG/PPS通信社］

の一八二五年一年分の年収の寄付によって設立されたハンガリー科学アカデミーの横に掛かっている。(9)

一八四八年の革命から二重帝国の成立まで

親英派のセーチェニは、ハンガリーの漸進的な近代化を考えていた。(10) ところが橋が完成する前年の一八四八年、ハンガリーは急進派による革命で社会的混乱に陥った。この年パリで労働者・農民による二月革命が勃発し、ハンガリーにも波及したことは先にも触れた。急進青年派に鼓舞された民衆は、ハプスブルク家の支配からハンガリーを独立させようと、貴族ラヨシュ・コシュートをリーダーとして三月に蜂起した。封建的な農奴制の廃止と、ウィーンからの独立が、この革命運動のスローガンだった。

だが、ハンガリーの独立は果たされなかった。フランスの二月革命の影響は、ハプスブルク家の都ウィーンにも波及していた。この時の皇帝フェルディナントは、帝位を放りだして甥のフランツ・ヨーゼフに譲ってしまう。弱冠一八歳の新皇帝フランツ・ヨーゼフは、軍部、官僚、カトリック教会に依拠することによって体制の立て直しに成功した。(11) その辣腕はロシア皇帝ニコライ一世から二〇万人の援軍を取り付け、ハンガリーの鎮圧にも成功する。その後の弾圧は容赦なく、コシュートは亡命、責任者の多数が処刑された。ハンガリーは、ウィーンから直接に統治されることとなった。(12)

フランツ・ヨーゼフは六八年にも及ぶ統治者であったが、ハンガリーに対する抑圧的な体制は二〇年ほどしか続かなかった。前にも触れたが、一八六七年、両国の代表の間で「アウスグライヒ（妥協）」が結ばれ、オーストリア＝ハンガリー帝国が成立する。この体制下でオーストリアとハンガリー両国はほぼ対等とされ、オーストリア皇帝がハンガリー王を兼ねる二重帝国[13]となった[14]。

一八六七年六月、フランツ・ヨーゼフはブダでハンガリー国王として戴冠した。彼の傍らには、アウスグライヒを取りなしたとされる王妃エリーザベトが立った。ペスト側では、国王は剣を四方に払うハンガリー式の儀式を行った[15]。

ハンガリー経済の発展

それから一九世紀末にかけて、ハンガリー経済は猛烈な勢いで発展する[16]。その大きな背景には、ハンガリーに産業革命の波が押し寄せてきていたことがある。すでに一八三〇年にはドナウ川に蒸気船が就航し、ウィーンまでの時間は曳舟による二五日から三日に短縮されていた。四六年にはハンガリー初の鉄道が走り、五一年にはブダペストとウィーンが鉄道で結ばれた[17]。この年にオーストリアとハンガリーの間の関税が廃止されたことで、ハンガリーはハプスブルク帝国の大きな経済圏に組み込まれることになった[18]。

二重帝国の下でハンガリーが自治権を得たことは、産業発展を促進した。西欧の資本投資も流入する。主要産物である小麦の生産はアウスグライヒから一九〇〇年までに約三倍[19]となり、製粉業と食品加工業が発展した[20]。一九世紀末まで、ブダペストは世界最大の製粉業の町だった[21]。物流を支える鉄路の発達も著しく、七倍以上になったとみられる[22]。

産業と商業の中心ブダペストには、ハンガリーの田舎などから大量の労働者が流入した[23]。人口は、約二・五倍となる。アウスグライヒのとき欧州一七番目の人口の都市であったブダペストは、一九〇〇年には六番目にまで成長する。[24] ウィーンから急行を使って四時間四〇分で到達できるブダペストは、もはや欧州の果てではなく、西欧の人々に近しい場所となったのである。

多民族国家

この当時、ハンガリーの面積は現在の約三倍もあった。国土は今のルーマニア、ウクライナ、スロヴァキア、クロアチア、セルビアなどに及んでいた。おのずとハンガリーは多民族国家だった。一八九〇年の段階で、ハンガリー王国にはマジャール人七五〇〇万人、クロアチア人二六〇万人、ルーマニア人二五〇〇万人、スロヴァキア人一九〇万人、ドイツ人二一〇万人が暮らしていたという。[25]

ブダペストに限っても、使われる言語は多様だった。ハンガリー語化の進んだ一八八〇年でも、ブダペストでハンガリー語を母語とする人は人口の約五八パーセント。これに対して約三五パーセントがドイツ語を、約六パーセントがスロヴァキア語を母語としていた。[26]

オーストリア＝ハンガリー帝国ではドイツ語が幅広く使われていたので、母語に加えてドイツ語を話すという住民は多かった。ハンガリー現象の科学者たちは、ハンガリー語に加えてドイツ語を自由に操ったが、このことに不思議はない。中産階級の書架には、ドイツの文学書が並んでいたし、音楽もドイツの影響が濃かった。[27] 貴族の場合には、フランス語も基礎教養とされていた。多言語を操る人が多数いたのだ。[28]

しかしこの状況下でオーストリアとハンガリーが二重帝国を構成したことは、社会的な不安定の種になりかねない面があった。ハンガリーの南に広がるバルカン半島が人種のるつぼであるのは周知のことであろう。だが、二重帝国の成立によって、周辺の民族主義の火に油が注がれた。オーストリア領ボヘミアは、(29)ハンガリー同様にオーストリアとアウスグライヒをする可能性があった。実現すれば、三重帝国となる。二重帝国ができるなら、三重帝国もできるだろうというわけだ。その可能性を阻止したのは、特権を失うことを恐れたハンガリーだった。(30)他方、このころハンガリー王国の支配下にあった南スラブのクロアチアでは、ハンガリーからの独立の要求が高まった。(31)

　オーストリアの支配からの脱却を熱望してきたハンガリーのマジャール人は、今度は周辺の民族から独立を迫られる立場になった。そのことが、やがてハンガリーをばらばらに引き裂くことになる。

ブダペストの発展

　先に、一八六七年のアウスグライヒ前後のハンガリーの経済成長を紹介した。そのときに触れた食品加工業に加えて、石炭、鉄鋼、機械工業も同じ時期に発展している。ハンガリーの資本の蓄積は、アウスグライヒから一九〇〇年までに五倍となった。西欧資本の流入とハンガリー資本とその合弁が進み、銀行の数は六七年の一一行から一六〇行に、貯蓄銀行は二九行から四五五行に増えた。これによってブダペストは、商業の都市から金融と工業の都市に変貌していった。(32)三〇年間ほどの間のバブル的成長である。

　アウスグライヒの後、都市としてのブダペストの整備も進んだ。その整備は、都市計画に基づいてなされた。一八七〇年、首相ジュラは「ブダペスト市公共事業委員会」を発足させる。ハンガリーのシャンゼリゼとも称されるアンドラーシ通りや、大環状道路の建設が翌年から次々に着手された。ドナウ川の護岸が石の堤防となり、波止場が作られた。セーチェニ伯の鎖橋に次ぐものとして、マルギット橋の建設も始まる。七〇年にはブダの丘を昇るケーブルカー（シクロー）の運行が始まり、七七年には西駅がフランスのエッフェル社によって最先端のデザインで生まれ変わった。馬車鉄道はすでに六〇年代以来存在していたが、八七年には西駅から大環状道路に路面電車の運行が始まった。[33] 現代に至る都市の骨格ができあがったのだ。[34]

マイケル・ポランニーが生まれた一八九〇年代、ブダペストはさらなる飛躍期を迎えた。九二年、皇帝フランツ・ヨーゼフがブダペストをウィーンと同格の帝都に格上げした。[35] このころの流行の言葉を使えば、「アメリカ的テンポ」の建築ブームが到来した。大通りには、経済成長を反映して銀行や企業の建物が立ち並んだ。九五年だけで、五九五棟のアパートメント・ハウスが建設された。一階が店舗、二階が事務所、その上階が賃貸住宅というのが多かった。規制によって、五階以上の建物は希だった。医者、弁護士、裕福な実業家などは、四〜八部屋もある立地の良い豪華なアパートメント・ハウスに住み、同じ建物に事務所を持つのが常だった。破産前のポランニーの自宅もその一つである。中流以上であれば、住み込みの召使いを雇っていた。[36]

1896年のブダペスト　大きな平地にできあがったばかりのペストの町は、大通りを除けば空き地だらけだったが、すぐに大都市に成長する［早稲田（2001年）p.43より］

千年祭と民族の誇り

この時期の象徴的な出来事が、一八九六年に開催された千年祭であった。それは、マジャール族が東方からカルパチアに移住してから千年と称される年を記念する祭典だった。準備に一〇年ほどを費やして、五月から一〇月の間に種々の催しが開催された。マイケル・ポランニーが五歳の時のことである。

英雄広場［著者撮影］

圧巻は、六月八日に開催されたフランツ・ヨーゼフのハンガリー王戴冠二九周年のパレードだった。ハンガリー古来の衣装を身につけた高官、騎馬軍団、聖職者など一五〇〇名を超える人々が練り歩き、フッサール姿のフランツ・ヨーゼフ、さらに皇女エリーザベトも加わった。市民公園（Városliget）では千年博覧会が開催され、産業館、農業館など二〇〇以上のパビリオンを延べ五〇〇万人が訪れた。[37] 一九世紀初めにフランス人によって整備された市民公園を、博覧会用に整備し直して会場とした。その入り口に当たる部分は、のちに英雄広場（Hősök tere）となった。[38] 社会主義時代に筆者が訪問し、その迫力に驚かされた場所である。ハンガリーの英雄の像が並ぶその広場の意味を、当時の筆者はまったく理解していなかった。なぜ社会主義国に王様の並ぶぴかぴかの広場があるのか！

地下鉄計画図（1896年）［南塚（2007年）p.240より］

地下鉄車両

博覧会に合わせて、会場に通じるアンドラーシ通りに、欧州大陸で最初の地下鉄が建設された[39]。ジーメンス社製の電車が、二分おきに運行されたという。七三年に最初に灯った電気照明は千年祭をきっかけに広まりを始め、世紀末には一般家庭の二割にまで普及した[40]。一九世紀初めには、ウィーンの人がブダペストに出かけるのは冒険だったが、世紀末には楽しみとなった。しかも、物価はウィーンより少し安かった[41]。

マジャール民族の優位性を示そうとする千年祭は、オーストリアへの強い対抗心に彩られていた。それは「公定ナショナリズム」を国の隅々まで浸透させる、ハンガリー人にとっては歴史的な行事となった。

だが他方で千年祭は、ハンガリー王国内部の他の民族の怒りをあおり立てた。それは突然の暴発とは言えなかった。クロアチア人、スロヴァキア人、ルーマニア人の暴動は、一八九〇年代から散発的に勃発していた[42]。特にクロアチア人は、反マジャールに留まることなく、同じ南《ユーゴ》スラブ人であるセルビア人と合体して、ユーゴ・スラブ国家を作ることさえ構想し始めた。九五年、すなわち翌年の千年祭の準備中に、非マジャール民族会議がブダペストで開催されていた[43]。

マジャール人の民族主義を高めたのは、千年祭に限らなかった。国家の記念碑的な建物の完成が続いた。アウスグライヒから王宮の拡張が続けられていたが、九六年には、同じブダの丘にあるマーチャーシュ教会が改修された。周囲には一九〇三年に漁夫の砦、一九〇五年にハンガリーを創建したイシュトヴァーン一世の銅像が建てられた。同年、彼の名を冠した聖イシュトヴァーン大聖堂もペストに落成した。その前年、ネオ・ゴチック様式の荘厳な国会議事堂が、約二〇年の工期を経て落成する[44]。ガーボル・パッロー博士によれば、それがハンガリーからバルカンを支配する議事堂となることも構想されていたという。

国会議事堂［© PPS Digital Network/PPS 通信社］

文化の爛熟

ブダペストの経済的成長は、消費生活の発展も促した。一九〇〇年ごろのブダペストには、パリ・デパートがあり、顧客が殺到した。このデパートは、一九一一年には、大理石の柱と天井画のある貴族の館のような店となった。屋上にはスケートリンクまであった。飲食の分野では、現在も観光客に人気の高級菓子店《コンディトライ》ジェルボー、フラ

パリ・デパート［早稲田（2001年）p.50より］

ンス料理を取り入れて洗練したハンガリー料理をいまも提供するレストランのグンデルも人気だった(45)。金持ちはさておき、庶民にとっては住宅事情が悪くキッチンも不備だったので、それを補うために種々のレベルの飲食店があった(46)。キャバレーとナイトクラブを兼ねたような、ちょっといかがわしいオルフェウムという娯楽の場もあった(47)。

だが、飲食店で特に目立つのは町中にあるカフェだった。ジョン・ルカーチの名著『ブダペストの世紀末』によれば、一九〇〇年のブダペストには約六〇〇軒のカフェがあった。二四時間営業の店もあり、どのカフェでもいつでも食事ができた。コーヒー一杯で粘ることができたし、ウィーンと同じく水は無料だった。安価な社交場であり、文筆家の仕事場であり、ヨーロッパ大陸のカフェ文化の一部だった。

有名なカフェを挙げると、筆頭は環状通りのニューヨーク・カフェだろうか。ニューヨーク生命保険会社の建物に、一八九四年に大理石をふんだんに使って開店した。シャンデリアの輝く宮殿のように豪華な店を、芸術家や学者、政治家たちがたまり場としていた。先進的な雑誌『西方』の編集拠点でもあり、詩人のアディ・エンドレ（一八七七～一九一九、Ady Endre）も現れた。フェレンツ・モルナール（一八七八～一九五二、Ferenc Molnár）が、代表作『リリオム』（一九〇九年）を書いたのもここだった。店主が文学好きで、作家向けの格安のメニューを提供したり、文学通のウェイターが、作家が来ると好みの飲み物と紙とインクを持ってきたりしたというほどだという。才能のありそうな若い作家には、出世払いも認められた。二回の戦争と社会主義の時代に閉開店を繰り返したが、復活して現在も同じ名前で営業している。

ニューヨーク・カフェの近くのヤパーン・カフェ（日本カフェ、現在は書店）は、レヒネルのような建築家や彫刻家、画家が贔屓にしていた。ここの壁には、日本趣味の図柄がいっぱいに描かれていたという。ボス格のエデン・レヒネル（一八四五～一九一四、Ödön Lechner）は、アイディアが浮かぶと、大理石のテーブルにそれを書き付けた。他方で環状通りのロイド・カフェには、その名にふさわしく株に関係のある人が集った。各カフェの客層には、特色があったのだ。(48)

再びルカーチの『ブダペストの世紀末』によれば、ブダペストのカフェ文化はジャーナリズムと結びついていた。文化、芸術、情報の拠点だったからそれは当然であろう。カフェでは、新聞や雑誌を読むことができた。百科事典類を置いてある店もあった。一九〇〇年のブダペストには二二の日刊新聞があった。ほとんどの新聞には文芸欄が設けられていた。書店の数は、二五年間で四倍となった。(49)

都市としてのブダペストの成長に伴って、芸術も成熟を見せてくる。一八八四年、アンドラーシ通りにオペラ座が開設された。

ニューヨーク・カフェ［John Lukacs, *Budapest 1900: A historical portrait of a city and its culture,* Grove Press, 1988, p.98ff より］

こけら落としでは、フェレンツ・エルケル（一八一〇～九三、Ferenc Erkel）作の国民的オペラが上演された。セセッション様式の工芸美術館や郵便貯蓄銀行がレヒネルの設計で完成したのも、世紀転換期だった。[50] レヒネルは、建築におけるハンガリー様式の確立を目指し、ハンガリーのフォークアートを取り入れた。

ハンガリーの言語文化を専攻されている早稲田みか氏は、「西欧のモダニズムは、一般に民族間の境界をこえた普遍性を追求する運動だったが、ハンガリーをはじめとする周辺部のヨーロッパでは、モダンであると同時に愛国的・民族的であることが要求された」という興味深い指摘をされている。[51]

音楽の分野でこの分析が当てはまるのは、マイケル・ポランニーの一〇歳年上のベーラ・バルトークと一歳年下のゾルターン・コダーイではなかろうか。彼らは共に、リスト音楽院で西欧音楽を学んだ。この音楽院は、フランツ・リストが一八七五年に創設したものだ。リストは当時のハンガリー王国領の生まれだが、ハンガリー語は解しなかった。だが、常々自分はハンガリー人だと公言していた。ハンガリーにちなんだ曲も作曲している。[52]

バルトークとコダーイは、ハンガリーの真の音楽の源を求めて、民俗音楽の収集を行った。彼らは、マジャールの民謡が、一般に民俗音楽とされているものや、「ジプシー音楽」と異なることを見いだす。[53] その知見を基礎として、新しい音楽を作り出したのだ。[54]

アウスグライヒから千年祭、そしてバブル的な経済発展と文化の成長。ジョルジュ・ルカーチがブダペストの全盛期とする世紀末の年一九〇〇年を越えて、ポランニーが青年期を迎える一九一〇年代半ばごろまでそれは続いていた。

(1) 冷戦時代のハンガリーは東欧に分類されていたが、歴史的にはオーストリアやドイツと関係の深い国であることから、本書では中欧の用語を当てる。「中欧の再発見」についての印象的な一文が、加藤(一九九五年)、一三〇ページにある。
(2) 膠着語では、接頭辞で意味を付与する場合もある。
(3) ローズ上(一九九五年)、一六九ページ。
(4) サーヴァイ(一九九九年)、一二ページ。
(5) ハンガリー人と混同されることの多いフン族は、はるかに早く四〜五世紀にヨーロッパに侵入している。
(6) ルカーチ(一九九一年)、一六一ページ。
(7) ハンガリー王国はカトリックの国だが、ドナウ川の東側の地域はプロテスタントの影響力が強い。
(8) 羽場(一九八九年)、三七ページ。
(9) サーヴァイ(一九九九年)、三〇ページ。
(10) 羽場(一九八九年)、三七ページ。
(11) 田口(二〇〇八年)、二八〜三〇ページ。
(12) サーヴァイ(一九九九年)、三三〜四ページ。
(13) 皇帝が国王を兼ねるため、K. u. K. = Kaiserlich und Königlich と略称される。
(14) サーヴァイ(一九九九年)、三四〜六ページ、ルカーチ(一九九一年)、一五一ページ。
(15) 南塚(二〇〇七年)、一九八ページ。
(16) サーヴァイ(一九九九年)、三六ページ。

(17) 早稲田（二〇〇一年）、三九ページ。南塚（二〇〇七年）、一四〇ページ。
(18) 羽場（一九八九年）、二九二ページ。
(19) 栗本（一九八二年）、九三ページ。
(20) 南塚（二〇〇七年）、二〇一～二ページ。
(21) ルカーチ（一九九一年）、八五ページ。
(22) 早稲田（二〇〇一年）、三九ページ、栗本（一九八二年）、九三ページ。
(23) 早稲田（二〇〇一年）、三八ページ。
(24) ルカーチ（一九九一年）、九九ページ。
(25) 増谷他（二〇一一年）、四九ページ。
(26) 早稲田（二〇〇一年）、一六ページ。
(27) Frank (2007), p. 30.
(28) ルカーチ（一九九一年）、一一四ページ。
(29) 中世にはハンガリーが支配していたこともある。
(30) 加藤（一九九五年）、八一ページ。
(31) 柴（二〇〇一年）、八〇ページ。
(32) ルカーチ（一九九一年）、八五ページ、南塚（二〇〇七年）、二〇一～二ページ。
(33) 南塚（二〇〇七年）、二〇五～七ページ、早稲田（二〇〇一年）、三八ページ以下。
(34) ルカーチ（一九九一年）、六二ページ。
(35) 早稲田（二〇〇一年）、八〇ページ、ルカーチ（一九九一年）、九六ページ。
(36) ルカーチ（一九九一年）、七四～六ページ。
(37) 早稲田（二〇〇一年）、八二～三ページ、南塚（二〇〇七年）、二四九ページ以下。
(38) 水野貴博「１８９６年ブダペスト建国千年祭博覧会の会場計画について」『日本建築学会計画系論文集』、第七五巻、二〇一〇年八月、参照。

(39) 早稲田（二〇〇一年）、四〇ページ。
(40) ルカーチ（一九九一年）、八二ページ。
(41) 同、八七ページ。
(42) 同、一六六ページ。
(43) 同、一六二ページ。
(44) 南塚（二〇〇七年）、二三八ページ以下。
(45) 早稲田（二〇〇一年）、四八〜五五ページ。
(46) ルカーチ（一九九一年）、一〇八ページ。
(47) 早稲田（二〇〇一年）、五八ページ。
(48) ルカーチ（一九九一年）、一八七〜九〇ページ、早稲田（二〇〇一年）、六八〜七三ページ、南塚（二〇〇七年）、二七九ページ以下。
(49) ルカーチ（一九九一年）、一八五、一九二ページ、早稲田（二〇〇一年）、六九ページ。
(50) 南塚（二〇〇七年）、二四三〜四ページ。
(51) 早稲田（二〇〇一年）、九二〜三ページ。
(52) 羽場（一九八九年）、一二五ページ、早稲田（二〇〇一年）、六三ページ。
(53)「ジプシー」という言葉は差別用語として避けるべきとされるが、当時のこの語の用法に従った。
(54) ルカーチ（一九九一年）、二二一〜二ページ、羽場（一九八九年）、一七章。

第四章　第一次世界大戦

話を第一次世界大戦開戦時のポランニーに戻そう。欧州全体を戦渦に巻き込むことになる世界大戦が勃発したのは、彼がカールスルーエから帰国した直後の一九一四年七月だった。言うまでもなく、オーストリア皇太子夫妻がボスニア・ヘルツェゴビナの首都サラエボで暗殺されたことが始まりである。翌月、オーストリアはセルビアに宣戦布告。これをきっかけに、第一次世界大戦が始まった。オーストリアと同盟するドイツ、ハンガリー、オスマン帝国らの国（同盟国）が、イギリス、フランス、ロシア（協商国）と対峙した世界史上初の総力戦である。

直接の発端は、バルカンの問題だった。暗殺の犯人は、セルビア人青年である。オーストリア＝ハンガリー帝国が一九〇八年、それまで事実上支配していたボスニア・ヘルツェゴビナを正式に併合すると、バルカンではセルビア人を中心とする民族抵抗運動が高まった。だがオーストリア皇太子フェルディナント（フランツ・ヨーゼフの甥）は、ハンガリー嫌いから南スラブを含めた三重帝国を構想していた。これはセルビアによる統合運動の障害になるものだったので、彼はセルビア人から強い反感を持たれていた(1)。

開戦翌月の八月、ポランニーはオーストリア゠ハンガリー帝国軍の軍医に志願する。彼は、ブダペストの約二〇〇キロ南のゾンボル（現在のセルビアのヴォイヴォディナ自治州ソンボル）の病院に派遣された。医師としての十分な経験を積むことなく、いきなり前線に近い場所で多くの傷病者に対応しなければならなかった(2)。ポランニーはまもなく、ジフテリアにかかってしまう。快復後に前線に復帰するが、今度はジフテリアの後遺症で腎臓が腫れ、再びブダペストに戻される。

軍服姿のポランニー［Nye (2011) p.8 より］

博士論文の執筆

ブダペストで静養する間に、ポランニーは物理化学の研究をする時間の余裕を与えられた。ネルンストの定理の研究以外に、吸着の理論についても考察を進めた。他方で彼は、カールスルーエの友人ファヤンスとハンガリーのヘヴェシーらの論争に巻き込まれた。それは、アイソトープ（同位元素）の性質に関する論争だった。ヘヴェシーやウィーンのフリードリッヒ・パネートが同一の元素のアイソトープは化学的にほぼ同一としたのに対して、ファヤンスは電気化学的には異なると主張した。[3] ヘヴェシーとファヤンスのどちらもポランニーの知り合いで、単に用語のすれ違いの論争のようであり、途中でアインシュタインまで鼻を突っ込んだので話がややこしかった。

この静養期間で最も重要だったのは、ポランニーが吸着を主題とする博士論文を提出したことである。内容を理解して審査を担当してくれる教員を見つけるのが困難だった。最終的には、オストワルドやネルンストに学んだ実験化学者のグスターフ・ブーフベック（一八六九〜一九三五、Gusztáv Buchböck）教授が引き受けてくれた。ブーフベックは、数理物理学の教授とも相談して審査を進めた。ポランニーは、一九一六年春に筆記試験を通過し、一七年に博士論文「非揮発性の固体吸収体による気体の吸着」が受理された。[4] ポランニーは健康が完全には回復せず、その年の八月、軍から除隊された。

戦争の終結

ポランニーが博士論文を提出した翌年一九一八年一一月、第一次世界大戦は、同盟国側の中核ドイツが休戦条約に調印することで終わった。前年四月にアメリカが協商国（連合国）に加わって参戦したことで、戦局はすでに同盟国側に不利となっていた。だが、一七年三月（旧暦二月）にロシアで革命が起き、続いて一一月（旧暦一〇月）にボルシェビキ革命でレーニンが政権を取ると、ソビエト政権は一八年三月に戦争から離脱した。これを好機とみたドイツは、西部戦線で総攻撃を開始する。しかし、補給が不十分で失敗した。

同盟国側で最初に降伏したのは、一九一八年九月のブルガリアだった。一〇月には、オスマン帝国が続いた。オーストリア゠ハンガリー帝国では、内部からの崩壊が始まった。一六年一一月、フランツ・ヨーゼフ皇帝が八六歳で亡くなり、帝国はすでに統合のシンボルを失っていた。六八年にわたる彼の治世を引き継いだ弟の孫カールには、大帝国を差配する才覚が欠けていた。戦局の悪化した一八年一〇月六日、帝国の支配するアグラム（現在のザグレブ）で「セルビア人・クロアチア人・スロヴェニア人王国」の樹立が宣言された。同月二八日には、プラハでチェコスロヴァキアの独立が宣言される。二日後、今度はハンガリーがオーストリア゠ハンガリー帝国からの離脱を表明した。

これと並行して、ウィーンでは社会民主党による臨時政府が成立した。一九一八年一一月に休戦協定が結ばれる一方で、オーストリア゠ハンガリー皇帝カール[5]はスイスに亡命する。かつてイギリス同様に日の沈まない帝国と称えられ、帝都ウィーンではハイドン、モーツァルト、ベートーヴェン、シューベルトらが活躍した中世以来の大帝国は、こうして歴史から忽然と姿を消したのである。ハプスブルク帝国が崩壊したのだ[6]。

それどころか、残されたオーストリアの領土は、存続すら危ぶまれていた。というのは、オーストリアを支えてきたのは、ハンガリーの食肉と穀物、チェコの工業などであり、帝都ウィーンは基本的に消費都市だったのだ。新生オーストリア共和国は、分離独立したオーストリア゠ハンガリー帝国の領土の残りの部分でしかなかった[7]。オーストリアは最初ドイツの一部となることを望んだが、一九一九年九月の協商国とのサン・ジェルマン条約はそれを禁じた。

菊の革命

ハプスブルク帝国のこのような崩壊に伴って、ハンガリーでも革命が起こった。シンボルの花弁の赤い菊（エゾ菊）にちなんで、「菊の革命」[8]と呼ばれる政変である。ハンガリーの一八四八年の失敗した自由主義革命の後も、自由主義の伝統は潜在していて、それが表出した。

一九一八年一〇月三一日、自由主義的な貴族ミハーイ・カーロイ（一八七五～一九五五、Mihály Károlyi）らがホテル・アストリアでハンガリー国民評議会の設立宣言をしたことが革命の始まりである。ハンガリーの独立と共に、普通選挙、土地改革の実施などが約束された[9]。同日、保守派で第一次大戦開戦時の元・首相イシュトヴァーン・ティサを一団の男たちが殺害した。一一月一六日、「ハンガリー人民共和国」が成立し、翌年一月にミハーイ・カーロイが大統領となった。それは一種のブルジョア革命だった[10]。

しかし、この革命の指導者たちは、国際政治の動きを十分に理解していなかった。彼らは、オーストリアとは違ってハンガリーは西欧と直接争っていないから、と安閑としていた。しかし西欧の側では、戦争に勝つためにハンガリー内の少数民族の支援をえようと画策し、領土分割（独立）の約束をしていたのだ。オーストリア＝ハンガリー二重帝国の崩壊は、それまでのハンガリーの領土的統一の根拠を失わせた。喜んでいる場合ではなかったのだ[11]。果たしてまもなく、領内の多民族が独立に向けて動き出した。

まずチェコスロヴァキアとルーマニアの軍隊が、二方向からハンガリーに襲いかかった。一九一九年三月二〇日、大統領のカーロイは、ブダペストにいる協商国代表のフランス人将校から、ルーマニア、チェコスロヴァキア、ユーゴスラビア軍はハンガリーの深くまで進軍する許可を与えられるだろうという知らせを受けた。各民族に領土が分割されるということだ。追い詰められたカーロイは、一九一九年三月、社会主義者のグループに政権を引き渡した。

だがカーロイらは、このグループがハンガリー共産党（一九一八年一一月モスクワで結成）[12]と連携していたことを知らなかった。新しい政権の中核を担ったのは、第一次世界大戦中にロシア軍の捕虜となり、ロシア革命で共産主義に共鳴したベーラ・クン（一八八六〜一九三九、Béla Kun）だった。クンは菊の革命が勃発すると直ちに帰国し、ソビエト連邦の援助を頼りにできると主張した。[13]ハンガリー共産党の影響力は、一九世紀後半のハンガリーの経済的成長で増加していた労働者や知識人の支持を得て急激に拡大していく。[14]こうして三月二一日、「ハンガリー評議会（タチーナ）共和国」という社会主義政権が成立する。

ポランニー家と菊の革命

戦争が続いていた一九一七年、マイケル・ポランニーは、社会科学協会の『フサディク・サーザド（二〇世紀）』に「平和構築者たちに」という原稿を寄稿した。[15]すでにギムナジウム時代からエンドレ・アディの詩に人並みに影響を受けていたマイケルではあるが、[16]菊の革命に向かう政治との関わりは、ブルジョア急進主義の兄カールよりは直接的だったようだ。

彼の兄カール・ポランニーは、一九〇四年にマイケルより先にブダペスト大学に入学した。社会科学協会に加わり、『フサディク・サーザド』の編集者オスカール・ヤーシと親しくなる。法学部のピクレル教授を守ろうとしたカールは、〇七年ブダペスト大学から転出を余儀なくされた。ピクレル教授は、キリスト教を否定することを教えたと告発されていた。最終的には〇九年、カールはハンガリー王国コロジュバール（トランシルバニアの中心地で、現在のルーマニアのクルジュ・ナポカ）の大学で法学の学位を取得した。卒業後、親族の法律事務所で法律家としての修業を始めた。[17] 一九一四年、カールはヤーシが市民急進党を組織すると書記長となった。

しかし、第一次大戦勃発を機にカールは政治運動から離れ、オーストリア＝ハンガリー帝国の騎兵将校として従軍した。負傷して一七年に除隊するが、リベラルだったはずの彼は、自らの矛盾した行動に苦悩せざるを得なかった。[18] 一九年六月、カールはブダペストの病院からウィーンの療養所に移る。[19] この療養所は、社会運動と関わる人々の多い場所だった。カールはここで、看護のために派遣されていたハンガリーの急進的革命家イロナ・ドゥチンスカと知り合い、やがて結婚する。イロナが最初に見たカールは、まだひどく心身を消耗していた。[20]

戦争開始後、マイケル・ポランニーは、兄同様に市民急進党のオスカール・ヤーシと親しくなっていた。同じく兄の親しい友人ジョルジュ・ルカーチが運営する日曜サークルにも、一九一五年に加わっている。[21] 日曜サークルは、この年の末頃から、詩人で劇作家のベーラ・バラージュの家で日曜日の午後に開催されたものだ。芸術や哲学などについて議論した穏健派の集まりである。[22] ところが政治の急展開の中で、穏健派のはずのルカーチが共産党に入党する。[23] このことは、周囲を驚かせた。[24]

一九一八年一〇月末、菊の革命によってミハーイ・カーロイの政権が成立したとき、政権を担ったのは、カーロイのカーロイ党、ハンガリー社会民主党、そしてヤーシの市民急進党だった。[25] ポランニー家では長女のラウラが選挙に立候補し、マイケル・ポランニーは厚生省の次官に任命された。ポランニーに与えられた仕事は、兵士の動員解除だった。彼のプランは大臣にそのまま受け入れられ、内閣に提出された。[26]

カーロイの政権は、選挙や土地改革を約束した。だが、農民の多数が望む貴族の土地分割や自営農への移行は難渋した。民族省を担当したオスカール・ヤーシは、従来からの持論であるハンガリー国内の諸民族による「ドナウ連邦」の実現を目指した。ハンガリーがスイスに接するオーストリアから見てちょうど東の逆側にあることから「東スイス連邦」とも称された。多民族国家としての生き残りを図ろうとしたのだ。しかしながら、すでに独立を目指して動き始めていたハンガリーの少数民族には説得力の欠ける案だった。[27] ヤーシは職を退かざるを得なかった。

文部次官カルマン

マイケル・ポランニーのミンタ・ギムナジウムの一〇年先輩であるカルマンは、ドイツの名門ゲッティンゲン大学で博士号を取ると、一九一三年、オランダ、ベルギー国境に近いアーヘン工科大学の教授となった。第一次世界大戦は、それから一年半も経たないうちに始まった。同盟国にいた彼にも、オーストリア＝ハンガリー帝国軍から召集がかかった。航空工学を専門とする彼は、空軍に配属された。仕事は、旧態依然としていたオーストリア＝ハンガリー帝国空軍を近代化することだった。

一九一八年、軍の仕事でドイツに出向いていたカルマンは、ブダペストに向かう列車の中で、ハン

セオドア・カルマン

ガリーのオーストリアからの離脱を知った。菊の革命の勃発である。社会主義に至る一連の政変が始まった。政治的激変のあいだ、カルマンはアーヘンに戻ることができなかった。敗戦国の退役将校は、平和条約が締結されるまで国を離れるのを許されなかったからだ[28]。

そのカルマンの下に、菊の革命の政権から、文部省で教育審議会委員長を務めるゲンツィなる人物が訪ねてきた。彼は、大学でカルマンの父モール（三年前の一九一五年にすでに死去）の手伝いをしていたと語った。そして、研究を重視した方向で大学を再建するために、管理者として手を貸して欲しいと申し出た。ハンガリーの大学では、教育に比べて研究がおろそかにされていた。その地位を向上させるべきというのは、カルマンの父モールの考えでもあった。カルマンは、ドイツでの自分の経験も生かせると思い、この仕事を引き受けた[29]。

だが、大学担当次官として委員会を運営し始めたとき、クンの共産党が指導する社会主義政権に変わった。その直後に、次官の仕事を依頼したゲンツィが再びカルマンを訪問した。彼の理解する限りでは、新政権でも文部省の仕事は影響を受けないという。友人たちも、カルマンに仕事を続けるよう説得に来た。彼らは、カルマンが共産主義者ではなく、政治と関係がないので行き過ぎを止められると強調した[30]。

カルマンには、教育人民委員（文部大臣の新政権での名前）を務める人物が真の共産主義者とも思えなかった。それはジョルジュ・ルカーチであり、裕福な銀行家の息子で「お茶の間共産主義者」だったとカルマンは書いている[31]。このような「純真さ」も手伝って、政変の期間に、カルマンは多少の大学改革を実行することができた。彼自身の言葉を引用しよう。

> 大学担当の次官として、私は自然科学と医学のプログラムに責任を持ち、近代生物学、精神分析学、そして原子物理学をカリキュラムに導入することができてうれしかった。こういった科目は、第一次世界大戦前の大学ではほとんど考慮されなかったものであった[32]。

　これに加えてカルマンが次官のとき、ブダペスト大学に物理化学のポストが作られた。ジョルジ・ヘヴェシーという三〇代半ば（カルマンの四歳年下）の人物が教授に着任する（一九年一月）。約四半世紀後の一九四三年、「化学反応研究におけるトレーサーとしての同位体の応用研究」でノーベル化学賞を受賞することになるヘヴェシー（一八八五〜一九六六、György Hevesy）である。

　実は最初、ヘヴェシーの地位は不安定なものだった。大学が物理化学の講座の発足に手間取ったためである。まずは老ロラーンド・エトヴェシュの計らいで、ブダペスト大学物理学科の臨時の長とされる。ブダペスト大学の物理化学の教授としてのヘヴェシーの地位は、五月にカルマンによって正式に承認された[33]。

　カルマン自身も、ブダペスト大学から教授として招聘される。一九年四月、ハンガリーを代表する物理学者だったロラーンド・エトヴェシュが七〇歳で亡くなり、翌月、後継者となることを求められたのだ(34)。

一九一九年三月、カーロイ政権が行き詰まり社会主義政権に政治を譲ると、ポランニーは厚生次官の職を辞した。ブダペスト大学の物理化学教授ヘヴェシーは、ポランニーとシェレニー・パール(一八八四〜一九五四、Selényi Pál)に助手の仕事を与えた(35)。シェレニーは、ゼログラフィーの父とも言われる人物である。ポランニーは、物理学の授業をいくつか教えるだけで、残りの時間は研究をすることができた(36)。

しかし、クンの社会(共産)主義政権が崩壊した後の九月、ポランニーは大学のこの職を追われた。彼を守るべきヘヴェシーは、コペンハーゲンのボーアを訪問していて留守だった(37)。その後ブダペストに戻ったヘヴェシーも、共産主義政権の「セオドーア・フォン・カルマンの手先(38)」と指弾され大学を追われる。一九二〇年四月にボーアの理論物理学研究所が発足すると、ヘヴェシーはコペンハーゲンに去った(39)。

危険を察知したカルマンも、ブダペストを抜け出し、アーヘンに戻った。アーヘン工科大学は彼の地位を保全していたのである。

カルマンは成り行きでクンの社会主義政権に協力し大学の改革に関与したわけだが、この政権は一三三日間しか続かなかった。クンはソビエトの支援を期待したが、内戦中のソ連にその余力はなかった(40)。ハンガリー人民共和国のトランシルバニアをすでに一九一八年一二月に勢力下に収めていたルーマニアは進軍を進め、一九一九年七月末にはブダペストに向かった。ルーマニア軍がブダペストに入る前の八月一日、クンの政権はすでに崩壊していた。

反革命の嵐

このときにはもう、ハンガリーの反革命軍がブダペストの南東一七〇キロほどにあるセゲドに集結していた。自由主義以前の旧体制の復活を望む人々である。彼らはオーストリア＝ハンガリー帝国の海軍提督だったミクローシュ・ホルティ（一八六八～一九五七、Miklós Horthy）に率いられてブダペストに向かった。そして、厳しい和平交渉の後、ルーマニア軍と入れ替わった。[41]クンらの社会主義政権の崩壊ののち、カルマンがハンガリーからドイツにいち早く戻ったのは的確な判断だった。ホルティがブダペストに到着するころ、ハンガリーでは反共主義のテロの嵐が吹き荒れていた。それは、反ユダヤ主義と結びついていた。ベーラ・クンはユダヤ人であり、彼の政権の四五人の人民委員（大臣）のうち三二名がユダヤ人だったのだ。[42]

一九一九年一一月、反革命の国民軍を率いたホルティはセゲド市からブダペストに到着した。彼の周りに集まったのは、大貴族であり、ジェントリであり、不満を持つ農民だった。翌年三月、彼はハンガリー王国の摂政に任命されて権力を掌握する。議会は国王の廃位を宣言していたので、国王なき王国の摂政という奇妙な地位である。彼は一九四四年までこの地位に留まった。[43]第二次大戦の末期、ヒトラーに面従腹背の態度をとり、連合国と結ぼうとして政権を追われるのだ。

旧体制を代表し、協商国と講和を進めたホルティだったが、彼にも解決できない難問があった。それは、ハンガリーの領土の保全である。先に述べたように、すでに国内の非マジャール民族は、マジャール人の民族主義に対抗して分離独立を目指していた。協商国は休戦協定で、早くも自由主義のカーロイ政権の段階で広大な領土の分割を要求していた。諸民族の独立は、ハプスブルク体制の切り崩しや革命後のロシアへの対抗に好都合だった。最後通牒は一九一九年三月に送られ、カーロイ政権は退陣した。[44]

カーロイ政権を引き継いだクンの社会主義政権は、パリ講和会議の議長クレマンソーからハンガリーの領土を三分の一にするという過酷な提案を受け取った。[45] 短期の社会主義体制の間に有効な解決策は採られず、反革命の後、ホルティの反動政権が交渉に乗り出す。しかし交渉に残された時間は余りに短く、近隣諸国の理解も得られなかった。

結局、一九二〇年六月四日に締結されたトリアノン条約で、ハンガリー王国の領土は三分の一とされてしまう。人口も五分の二に減少し、三〇〇万人のハンガリー人が国外に取り残されることとなった。[46] ハンガリーのかつての領土の三分の二は、ルーマニア、チェコスロヴァキア、ユーゴスラビア、そして一部分はオーストリアにすら引き渡された。このような領土分割は、ポーランドの事例を除けば、「ヨーロッパの歴史上前例のないことだった[47]」。

反ユダヤ主義

二つの革命の反動として生まれたホルティ政権は、過去の急速な近代化に対抗する保守主義と伝統主義、近代化を支えた自由主義や進歩主義に対する反民主主義、反共産主義に彩られていた。それだけではない。民主主義や社会主義は、ユダヤ人による非ハンガリー的な思想であり、それが引き起こした二つの革命がハンガリーの領土を縮小させたとした。[48] 領土が奪われたのは、ユダヤ人のせいだというわけだ。[49]

とりわけ問題だったのは、過激化し革命を推進した急進派知識人の多くがユダヤ人だったことである。クンも政権幹部の多くもまたユダヤ人だった。だから、革命後の「新政府は、『キリスト教的で民族的』なイデオロギーを掲げざるを得ないと感じていた」のである。[50] ホルティ政権はさらに、民主主義も社会主義もユダヤ人による非ハンガリー的思想として退ける。[51]

反動の影響は、大学政策にも具体化される。一九二〇年、ホルティ政権は、ユダヤ人が大学に入学するのを実質上制限する法律を制定した。この「定数条項（numerus clausus）」は、大学入学者の民族別の割合を、国家を構成する民族の比率にするという一見公正なものだった。[52] だが、ハンガリーの人口のうちユダヤ人の割合は約五パーセントであり、一九一〇年代のユダヤ人の大学入学者の割合約三〇パーセントよりかなり小さかったのである。この定数条項は、欧州で最も早い反ユダヤ法と言われる。[53]

一九一九年から一九二〇年代にハンガリーを離れる大部分の人は、二つの革命のどちらか（あるいは双方）に関与したか、反ユダヤ主義の影響を受けていた。[54] その中には、ハンガリー現象の科学者も含まれていた。もちろん、我らがマイケル・ポランニーもその一人である。

（1）加藤（一九九五年）、一一三ページ。

（2）Scott & Moleski (2005), p. 33.

（3）*Ibid.*, pp. 38–40.

（4）*Ibid.*, p. 43 & 328. 戦時で手続きが遅れたためか実際の授与は一九年七月、*Ibid.*, p. 50.

（5）カールの息子オットー・ハプスブルクは、一九七九年に欧州議会の議員となり、ベルリンの壁崩壊の引き金となる汎ヨーロッパ・ピクニック（オーストリア国境に隣接するハンガリーのショプロンで一九八九年に開催）を主導したことで知られる。

（6）増谷他（二〇一一年）、七二～三ページ。

（7）増谷他（二〇一一年）、七〇、七六～七八ページ。

（8）原語は őszirózsás forradalom で、直訳すると秋バラ革命。

（9）ルカーチ（一九九一年）、二六三ページおよび同ページ注3。

（10）早稲田（二〇〇一年）、三四～五ページ。

（11）ルカーチ（一九九一年）、二六三ページ。

（12）羽場（一九八九年）、二五八ページ。

（13）ルカーチ（一九九一年）、二六四ページ。

（14）共産党の国内的発展については、羽場（一九八九年）、四九一ページなど。

（15）Scott & Moleski (2005), p. 37 & 45.

（16）*Ibid.*, p. 17.

（17）*Ibid.*, p. 15; Nye (2011), p. 7.

（18）若森（二〇一一年）、二四ページ以下。

（19）Scott & Moleski (2005), p. 51.

（20）若森（二〇一一年）、二七～八ページ。

（21）Nye (2011), pp. 10–1.

（22）早稲田（二〇〇一年）、六八ページ。

（23）Scott & Moleski (2005), pp. 41–2.
（24）栗本（一九八二年）、一四六ページ。
（25）羽場（一九八九年）、一ページ。
（26）Scott & Moleski (2005), p. 49.
（27）羽場（一九八九年）、二七四ページ。
（28）カルマン（一九九五年）、九四ページ。
（29）同、九五〜六ページ。
（30）同、九七ページ。
（31）同、九五〜七ページ。
（32）同、九八ページを原文によって改訳。
（33）Palló (1986), p. 102.
（34）マルクス（二〇〇一年）、三一〜二ページ。
（35）Palló (1986), p. 102.
（36）Scott & Moleski (2005), p. 50.
（37）*Ibid.*, p. 51.
（38）Palló (1986), pp. 107–8.
（39）Cockcroft (1967), p. 133.
（40）羽場（一九八九年）、六〇ページ。
（41）オーストリア゠ハンガリー帝国はアドリア海に接しており、ハンガリー王国のフューメ（現在のクロアチアのリエカ）は重要な港湾都市で、ホルティはここの海軍兵学校で教育を受けた。
（42）ルカーチ（一九九一年）、二六五ページ。
（43）サーヴァイ（一九九九年）、四一〜二ページ、早稲田（二〇〇一年）、八二ページ、羽場（一九八九年）、八五ページ。

(44) 羽場(一九八九年)、二七三〜四ページ、二七八ページ。
(45) 同、四四二ページ。
(46) 同、四八八ページ。
(47) ルカーチ(一九九一年)、二六五ページ。ハンガリーは欧州六番目の面積の国だったが一五位に転落した。
(48) 羽場(一九八九年)、四八三ページ。
(49) 早稲田(二〇〇一年)、一一三ページ。
(50) ルカーチ(一九九一年)、二五〇、二六五ページ。
(51) 羽場(一九八九年)、四八一、四八三、四八五ページ。
(52) フェルミ(一九七二年)、五八ページ、ローズ上(一九九五年)、一七九ページ。
(53) 早稲田(二〇〇一年)、一一三ページ、Nye (2011), p.16.
(54) Frank (2007), p.7.

第五章　一流科学者への道

反革命の嵐の中で、姉ラウラの家にいたポランニーは、カールスルーエに戻ることに決めた。[1] 一九一九年一二月の初旬、彼はカールスルーエに向かって混雑した列車で出発した。将来は不明だったが、姉ラウラの夫が資金援助をしてくれた。ブダペストでポランニーは、洗濯産業の洗剤のリサイクルへの助言をしていたので、多少の収入はあったようだ。[2]

戦争で崩壊した旧オーストリア＝ハンガリー帝国の住民は、オーストリアかハンガリーのいずれかの国籍を選ぶことができた。兄カールの支援もあり、マイケルはオーストリアのパスポートを申請した。

一二月一〇日に到着したカールスルーエについて彼は、友人のファヤンスに、望んでいたとおり「完全に平和で、秩序だっていて、シンプルな生活環境で、小さくて温かく科学を愛する場所」と書き送った。当初は戦後で石炭も電力も不足していたが、二〇年に入るとそれも安定してきた。[3] 落ち着いて研究できるようになったのだ。ハンガリーと違って、ドイツでは反ユダヤ主義はまだ顕在化していなかった。

ポランニーはここで、ブダペストで以前に知り合ったマグダ・ケメーニ（Magda Kemény）と親しくなる。彼女は、兄のいるカールスルーエで化学工学を学んでいた。マグダは、ブダペストでポランニーを見たときから好感を持っていた。彼らは交際を重ね、一九二〇年五月に結婚の約束をする。二人がブダペストで結婚式を挙げたのは、翌年二月である(4)。

ポランニーは、カールスルーエで二つの主題の研究をした。一つは、ヘヴェシーの下にいたときに着手した化学反応論の研究だった。もう一つは、博士論文で扱った吸着の現象の研究である。吸着物質の典型的なものには、脱臭に使われる活性炭がある。ポランニーの理論は、物質表面の吸着力は距離の三乗に反比例するというものだった。

だが、彼の理論には、吸着の引力の原因が分からないという弱点があった。最初は分子の永久双極子が引き合うと考えた。ところがこの仮説では吸着力が温度に依存することになってしまい、実験データと合わなかった。ポランニーは、電気的な分極が吸着物質の表面の分子に誘導されるということを考えついた。意見を求めたアインシュタインは否定的だった。分極が誘導されるというポランニーの考えが正しいと分かるまでには、これから一〇年ほど待たなければならない。量子力学の知識が必要なのだが、量子力学はまだ十分に確立していなかったのだ。

しかし、一九二〇年四月にドイツのハレで開催されたブンゼン学会（ロベルト・ブンゼンを記念して一八九四年に設立(5)）で彼はあえてこの考えを発表した。その会議には、ボルン、ネルンスト、ハーバー、ヘヴェシーなどのそうそうたるお歴々が出席し、友人のファヤンスの顔もあった(6)。

ブンゼン学会でのこのポランニーの発表は成功だった。フリッツ・ハーバーは、彼の発表に強い印象を受けたらしい。一年半前に、ノーベル化学賞を受賞したばかりのハーバーである。ポランニーは、ベルリンのカイザー・ヴィルヘルム協会の研究所に応募することができた。ブレディッヒ、ヘヴェシー、ファヤンスが推薦してくれた。さらに、カルマンからも推薦を受けることができた。

実は以前からポランニーは職探しをしており、革命後にアーヘンに逃げ戻っていたカルマンに助力を求めていた。カルマンはポランニーへの返事の手紙で、「ドイツの大学の雰囲気はいまのところ外国人には非常に好ましくない」とはしながらも、以下のように続けた。

> 私の考えでは助手の仕事を得るのはそんなに難しくないと思うので、君のためにいつでも喜んで何とか助力しよう。……だからもしも空席があると聞いたら知らせて欲しい。すぐに関係する紳士方に君のためになるように手紙を書くつもりだ（一九二〇年三月一七日づけのアーヘンからの手紙[7]）。

一九二〇年夏、ポランニーは、カイザー・ヴィルヘルム協会の繊維化学研究所から採用通知を受け取った。ついに、職業科学者としての第一歩を踏み出したのだ。

カイザー・ヴィルヘルム協会

ここでポランニーが奉職したカイザー・ヴィルヘルム協会について詳しく紹介しておこう。名前の通り、この協会はカイザー（皇帝）の肝いりで二〇世紀の初頭に設立されたものである。それは、ドイツの研究改革の総仕上げとも言えるものだった。日本の理化学研究所（一九一七年財団法人設立）のモデルであり、第二次大戦後はマックス・プランク協会となっている。

研究改革以前の一九世紀の初頭、ドイツの大学はまだ神学・法学・医学を中核とする中世型の学校で、時代の変化に対応していなかった。当然のことながら、科学に場はなかった。しかしナポレオンとの戦争に負けた（一八〇六年）ショックは大きく、ドイツは、国の立て直しの一環として、衰退していた大学の改革を進めていった。

その最初が、一八一〇年設立のベルリン大学である。当時はベルリンには大学がなかったのだ。約半世紀ほどの時を経て、このベルリン大学にヘルムホルツやコッホのような有名な科学者たちが登場し始める。他の大学もベルリンに続いた。

ちょうどこのころ、実業を支える工科大学も各地で作られた[8]。カルマンのいるアーヘン工科大学や、ポランニーが学んだカールスルーエ工科大学などである。

一八八七年には、国立の研究所である帝国物理工学研究所が、ヘルムホルツを長として設置された。大学、工科大学に加えて、三本目の柱の国立科学研究所ができたのだ。

一連の整備が済んだ一九一〇年、ベルリン大学一〇〇周年の記念式典で、カイザー・ヴィルヘルム二世は意外な講演を行った。それは、大学では教育や会議が重荷となり、科学者の研究に妨げが生じているというのである。教員の教育への情熱も低かった。たとえば、ベルリン大学のマックス・プランクの授業は、彼の教科書を読めば済む内容だったと言われる。皇帝は、教育義務のない研究所を作

カイザー・ヴィルヘルム協会の研究所［写真提供：Archives of the Max Planck Society, Berlin］

るべきだと述べた(9)。

皇帝の演説に応えて、翌年全体を統括するカイザー・ヴィルヘルム協会（ＫＷＧ）が発足し、複数の研究所が協会の傘下に置かれることになった。研究所の用地はベルリン郊外ダーレムの国有地が用意された。だが、研究所自体は、民間の寄付によるとされ、電機業界のジーメンス、鉄鋼業のクルップ等々が寄付をした。協会の傘下に一〇年間で総計一〇を超える研究所が創立された。基本的にはダーレムの広大な土地に分散しておかれたが、海外に設置されたものもある。

皇帝の発議の二年後の一九一二年、最初に設立されたのが、物理化学・電気化学研究所と化学研究所だった(10)。前者の所長はフリッツ・ハーバーであり、寄付者の一人、ドイツ・ガス灯会社のレオポルト・コッペルが、寄付に当たって同じユダヤ人のハーバーを所長に指名した(11)。

第一次世界大戦中の一九一五年、ハーバーはここで毒ガスを開発した。一方、化学研究所は、放射能部門長のオットー・ハーンがウランの核分裂を第二次大戦直前（一九三八年）に発見した場所として知られる。この意味では、いずれの研究所も戦時研究を担うこと

カイザー・ヴィルヘルム協会の研究所(1921年まで)

名称	所在地	開設年
KW化学研究所	ベルリン・ダーレム	1912
KW物理化学・電気化学研究所	ベルリン・ダーレム	1912
KW生物学研究所	ベルリン・ダーレム	1913
KW労働衛生学研究所	ドルトムント・ミュンスター	1913
KW芸術・文化研究所	ローマ＊	1913
KW石炭研究所	ミュールハイム	1914
KW脳研究所	ベルリン・ブッフ	1915
KWドイツ史研究所	ベルリン	1917
KW鉄鋼研究所	デュッセルドルフ	1917
KW物理学研究所	ベルリン・ダーレム	1917
KWG水棲生物研究所	プレーン	1917
KWシュレジェン石炭研究所	ブレスラウ	1918
KWG細胞生理学研究所	ベルリン・ダーレム	1918
KW繊維化学研究所	ベルリン・ダーレム	1920
KW金属研究所	ベルリン(1935年以降、シュツットガルト)	1921

注:KW＝カイザー・ヴィルヘルム　KWG:カイザー・ヴィルヘルム協会
研究所名は設立時の名称　＊は外国
(出典:古川安『科学の社会史　増訂版』、南窓社、2000年、p.192より改変)

になったのである。

肉の一片を

一九二〇年九月にベルリンに移ったポランニーは、数週間後、ドイツの習慣に従ってベルリン近郊のダーレムにあるカイザー・ヴィルヘルム協会の研究所長などに挨拶に行った。最初に訪問した物理化学・電気化学研究所長のフリッツ・ハーバーに彼は、カールスルーエで取り組んでいた化学反応のメカニズムの研究を続けたいと述べた。これに対してハーバーは、「反応速度は世界的な問題だ。君は肉の一片を料理すべきだ」[12]と助言した。とりあえずは自分の腕を示すべきだというわけだ。生物学研究所長[13]のカール・ノイベルク（一八七七〜一九五六、Carl Neuberg）の言ったことは少し変わっていた。ここに長く留まることなく、早く大学に職を得るように勧めたのである。その方が名誉を得られる、ここでは二、三年で何か発見しなければ役立たずとされてしまうと警告した。[14]実はノイベルクは、ハーバー同様に、ベルリン大学の教授職を兼任していたのだ。[15]

X線回折の研究

ポランニーが二〇年一〇月一日に助手として採用された繊維化学研究所は、数ヶ月前に発足したばかりだった。オフィスもハーバーの物理化学・電気化学研究所（ハーバー研）に間借りしていた。所長のレギナルド・ヘルツォーク（一八七八〜一九三五、Reginald Herzog）は、ポランニーにさっそく料理すべき肉の一片を与えた。ヘルツォークが助手のウィリス・ヤンケと行った実験をどう解釈するかという課題であった。彼らは、セルロース（植物を構成する多糖類）にX線を照射して回折パターンを得る実験を行っていた。[16]

X線を結晶に照射すると回折パターンが生じることは、一九一二年にマックス・ラウエ（一八七九〜一九六〇、Max Laue）によって明らかにされた。ベルリン大学のマックス・プランクのところで学位を取得したラウエは、ミュンヘンのゾンマーフェルトの下で結晶の研究を行った。X線を結晶に照射すると回折が起こることから、彼はX線が波長の短い電磁波であることを解明した。ラウエはこの業績で、恩師のプランクに先立って、一四年にノーベル物理学賞を受賞していた。X線回折では、結

研究所を背景に座る、左からフロイントリッヒ、田丸、ハーバー、ヘルツォーク　1913年頃［写真提供：Archives of the Max Planck Society, Berlin］

晶の構造に応じた回折像が生じる。逆に、写真に撮った回折像を解析すれば結晶の構造が推定できる。物質構造解明のための極めて重要な実験手法である。

ヘルツォークとヤンケは、ラミー（苧《からむし》）の繊維のセルロースにX線を照射した。彼らが使用したのは、ゲッティンゲン大学のボルンの研究室でデバイとパウル・シェラーが開発した繊維を粉にして使う方法だった。実験では、二つの鏡面に対して対称な四つの等しい点が回折により現れた。[17]

X線回折の実験は、ポランニーにとって未知の分野だった。しかし短期間でその理論や技法を習得し、ヘルツォークとヤンケの実験結果の分析に取り組んだ。そして、セルロースが軸の周りに配列する平行な一群の結晶だということを解明した。[18] この仕事が認められ、彼は自分の研究チームを組織することができるようになった。

とはいえ、ポランニーが一九二一年三月七日に行なったハーバーのコロキウム（セミナー形式の談話会）は散々だった。ポランニーは、ヘルツォークとヤンケの実験の解析をさらに詳しく進め、繊維にX線を照射して生じる点が平面フィルムでは一連の双曲線上に乗ることに気がついた[19]。このことから彼は、セルロースは六炭糖（六個の炭素原子を持つ糖）の縦一列に連鎖した巨大分子であるか、ヘキソビオース無水物（二糖）の集合体であると結論したのだ。前者はセルロースが巨大な分子であることを意味し、後者はそれが小さな分子のコロイド状の集まりに過ぎないことを意味する。実は当時、巨大分子が存在するかどうかが学界の大きな関心事だった。そんな大事なことをポランニーは正しく理解せず、セルロースは巨大分子か小さい分子の集まりのどちらかだというトンチンカンな報告をしてしまったわけだ。

一九二〇年に巨大分子が存在すると主張し始めたのは、スイス連邦工科大学のヘルマン・シュタウディンガー（一八八一〜一九六五、Hermann Staudinger）だった（一九五三年にノーベル化学賞）。ゴムなどが巨大分子からなるという彼の説は、分子は小さいはずという当時の常識に反していたため、学界の主流から反対された。

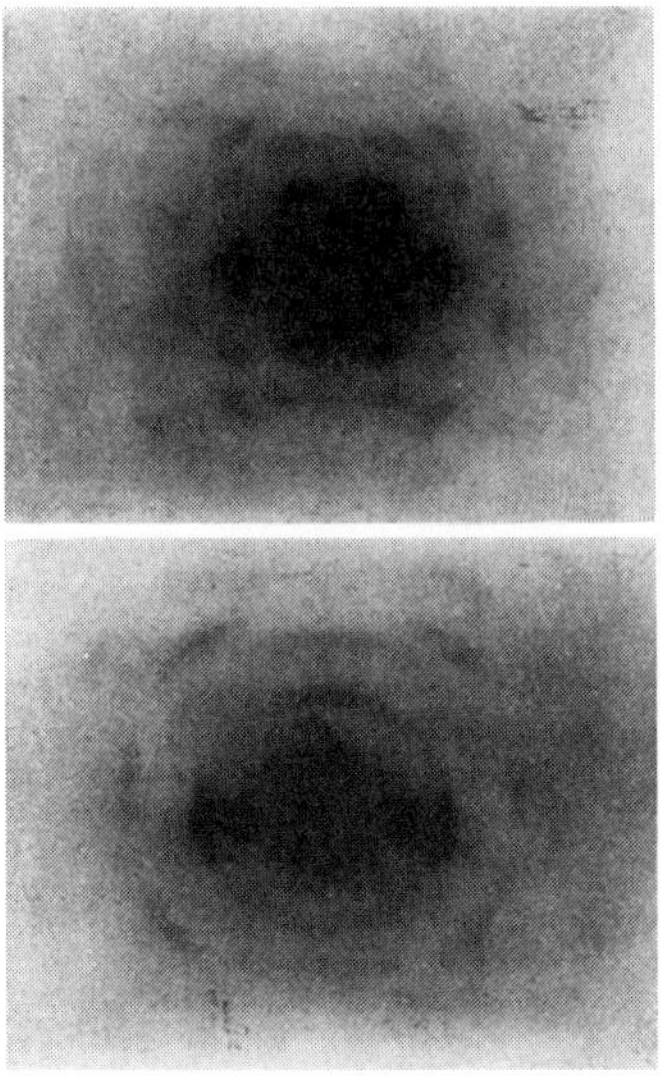
からむしのX線回折像［Nye (2000) p.377 より］

二一年にカイザー・ヴィルヘルム化学研究所に着任するクルト・ヘス（一八八八〜一九六一、Kurt Hess）は、反シュタウディンガーの急先鋒である。そのヘスが一九二〇年代末にセミナーで講演したとき、主催者のハーバーに鋭い批判を浴びせられたのを当時ベルリンに日本から留学中の玉蟲文一は目撃している。[20] どの説を主張するにせよ、ポランニーのセミナーの段階では判定のつきかねる問題だった。

ハーバーは、たとえセミナーで学問的に厳しい批判を与えても、同時に研究者を励ますことを忘れない指導者だった。ポランニーの発表にも、このような教育的な立場から批判を加えたのだと思われる。

研究室を持つ

ポランニーは、自分の研究室に助手を雇えるようになった。一九二三年一月、新設のセクションのリーダーに昇進したからだ。[21] リーダーは、カイザー・ヴィルヘルム協会の正式の構成員（Mirglied）となる。[22]

ポランニーの助手の中には、三人のウィーン人がいた。ヘルマン・マルク（一八九五～一九九二、Hermann Mark、後に米国に渡り、ハーマン・マークとして活躍）、エーリッヒ・シュミト（一八九六～一九八三、Erich Schmid）、カール・ヴァイゼンベルク（ワイゼンベルグとも、一八九三～一九七六、Karl Weissenberg）[23] である。

彼らは植物の繊維だけではなく、金属のX線回折の研究にも取り組んだ。伸ばした植物繊維と力を加えた金属の間に、共通性があるのではないかと予測したのだ。[24] 測定装置に改良を加え、結晶を円筒形フィルムの中心で回転させて横からX線を当てる方法を編み出した。これは今日回転結晶法と呼ばれる重要な技法である。

ポランニーのチームは、一九二二年から二三年にかけて、亜鉛や白色スズの結晶の塑性流動（元に戻らない変形）について研究を行った。図は、一連の論文の一つに掲載された実験結果である。[25]

ポランニーは後に、彼らのチームの仕事はシュミトの優れた実験技術とヴァイゼンベルクの数学的解析力によると指摘している。ヴァイゼンベルクは回転結晶法をさらに改良して、今日ヴァイゼンベルク（ワイゼンベルグ）カメラと呼ばれるものを発表した（一九二四年）。[26] 回転結晶法のフィルムの筒を縦方向に往復させるもので、いっそう詳しい分析が可能となる。彼は元々応用数学者であり、数学と実験を結びつける能力を持っていたのだと思われる。[27]

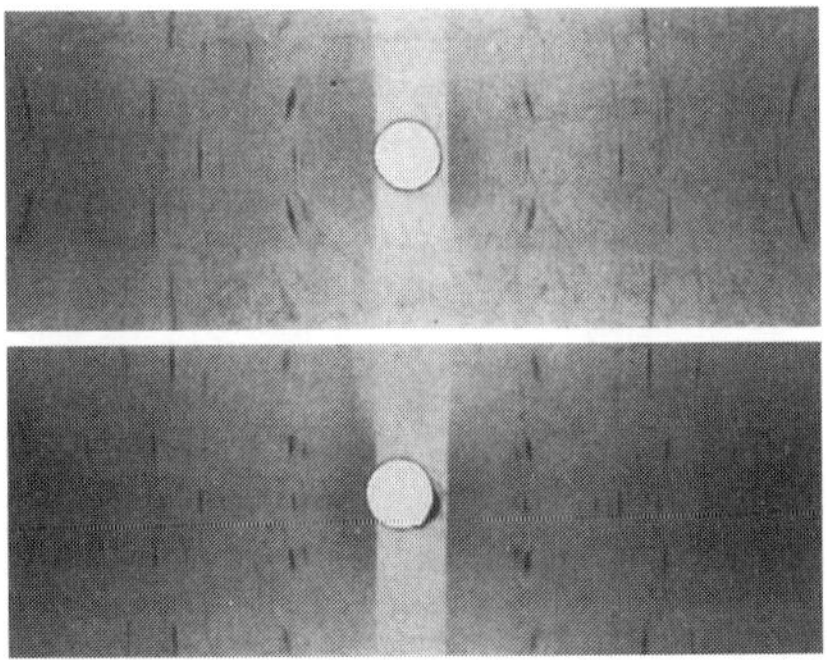

亜鉛のＸ線像　元論文は「亜鉛結晶の伸びのプロセス・Ⅱ」、1922 年［Nye (2000) p.382 より］

ポランニーは研究チームを慎重に運営し、その研究室は極めて民主的に運営されていたという。第一次大戦終結からしばらくした一九二三年、ドイツを有名なハイパーインフレが襲った。ベルサイユ条約で、大変な賠償金を課されたためだ。所長に給与を要求する彼らのチームは、助手共和国（Assistenten Republik）[28]とも呼ばれた。ポランニーのチームの家族は生活面でも協力し、その日の貨幣価値が決まると昼食時に共同で買い出しをして、大きな食品などは分かち合ったりした。

ポランニーの収入の助けになったのは、電球で有名なブダペストのトゥングスラム社[29]のコンサルタントとなったことだった。かつて彼をカールスルーエ工科大学に送り出してくれたイグナ

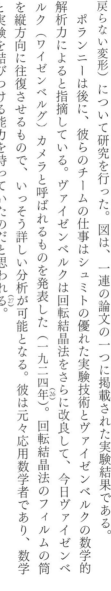

ーク・プフェイファーがこの仕事を提供してくれた。プフェイファーはクンの共産政権に関与したためにブダペスト大学を追われ、トゥングスラム社に転じた。一九二二年に研究所の初代所長となり、さっそくポランニーを科学アドバイザーとして迎えたのだ。[30]

先の塑性流動の研究にほぼ続く形でポランニーのチームが取り組んだのは、今日結晶の転位や金属の冷間加工と呼ばれる主題の研究である。この研究には助手のシュミトが活躍した。ポランニーは、結晶構造についての理論的考察から、岩塩の結晶などは本来ならば実験で測定されるより何千倍も硬いはずだということに気づいた。金属結晶も、曲げることはできないほど硬いはずなのだ。原子や分子同士が規則的にがっちりと結びついているからだ。他方で、金属を常温に近い状態で加工すると硬くなることがある。すでに一九二一年九月、彼はブンゼン学会で「冷間加工による結晶の強化」という発表を行っていた。その内容は、学界の長老にはいぶかしがられたという。[31]

実はこれらの現象は、結晶の欠陥によって説明できる。結晶が理論から予測されるよりはるかに柔軟なのは、その中に存在する欠陥が移動するためだ（転位）。他方で、適度に結晶構造が乱れると転位による「すべり」が妨げられて金属は硬くなる。これらについてポランニーたちはX線を活用した研究を行い、主に二三年から二六年に研究論文を発表した。だが、結晶の転位をきちんと理論化したのは遅く、一九三二年四月、レニングラード（現在はペテルスブルクの名前に戻っている）のヨッフェの研究所にポランニーが講演に出かけてからだったという。[32]ソビエトの科学者アブラム・ヨッフェ（一八八〇〜一九六〇、Abram Joffe）は、かつてレントゲンの助手であり、ポランニーの親しい友人でもあった。

ポランニーとちょうど同じころ、もう一人のブダペスト生まれの科学者が、ベルリンで転位に関する研究を行っていた。ハンガリー現象の科学者の一人エゴン・オロワンである（一九〇二～八九、Egon Orowan）。

オロワンは、リバティー船の脆性破壊の原因を解明した人物として工学の分野で知られている。リバティー船は戦時標準船とも呼ばれ、第二次世界大戦中に二七〇〇隻ほどがアメリカで作られた。ブロック工法と溶接結合という新しい造船技術が採用されたが、何と一〇〇〇隻ほどで船の損傷事故が起こった。停泊中に船が真っ二つになることもあった。事故の主な原因は、低温で溶接部分が脆弱になることだった。リバティー船の事例は、現在でも工学部の学生が決まって教えられる技術的失敗だという。その解明をした第二次世界大戦のとき、オロワンはケンブリッジ大学にいた。部分的にユダヤ人の血を引く彼は、ヒトラーから逃れていたのだ。だが結晶の転位の研究を始めたのはもっと若い時期で、オロワンはまだベルリン工科大学の助手だった。

オロワンはブダペスト九区国立上級ギムナジウム（IX. kerületi állami fögimnázium、後期ギムナジウム Staatsobergymnasium に分類される）を一九二〇年に卒業し、ウィーン大学を経てベルリン工科大学に進んだ。ハンガリーでホルティの反動政権ができた直後である。父親が機械工学者だということもあり、最初は機械工学を学んだ。だが、ゾンマーフェルトの弟子リヒャルト・ベッカー教授（一八八七～一九五五、Richard Becker）(33) の影響を受けて物理学に転じ、二八年にベッカーの助手となった。三二年に彼と共著で書いた論文は、結晶の弾性を主題としていた。

今日金属の転位現象の物理的解明は、オロワンとイギリスのジェフリー・テイラーが独立して行ったとされる。だがオロワンは、一〇歳ほど年長のポランニーが結晶の転位のアイディアに至っていたのを、研究ののっけから知っていた。オロワンはポランニーに、論文を一緒に書きましょうと手紙を書いた。ポランニーは、それは君の大事なものだから単独で出版するようにと返事をしたという。[34]ポランニーの人柄が偲ばれる。最終的にはオロワンとポランニーの論文が、一九三四年の同じ雑誌の同じ号に前後して掲載されることになる。

オロワンは「弾性を生じる転位という作用は数年前にポランニーによって認知された」として、転位の着想をポランニーに帰している。[35]オロワンはまた、転位の考えの萌芽が一九一三年以前のプラントル（カルマンの指導教授）にあったことも指摘している。とはいえ、物理学的に詳しくこれを理論化したのは、オロワンとテイラーだったと考えられる。[36]この評価が専門的に正しいかどうかはまだ検討の余地があるかも知れない。いずれにしても、ポランニーを中核とするチームが結晶の解析の研究の最前線にいたことは確かである。だが残念なことに、このことは科学史ではほとんど忘れられている。

化学反応速度論への取り組み

繊維や金属の結晶の研究で「肉の一片の料理」以上のことを成し遂げたポランニーは、一九二三年九月一日、物理化学・電気化学研究所（ハーバー研）の物理化学基礎研究部門主任に昇進した。[37]所長フリッツ・ハーバーの右腕となったのだ。オフィスも、彼の隣である。[38]

ポランニーは、吸着現象の研究ではなかなか受け入れられず、転位の研究ではオロワンらに先を譲った。しかし、彼の化学反応速度の研究が極めて高水準のものだったことはほぼ確実である。アイリング、福井謙一、ジョン・ポランニーらの研究は、ポランニーのこの研究伝統の上にある。中でもアイリングの遷移状態理論の研究は、マイケル・ポランニーの指導の下で行われた研究に端を発する。父の仕事を発展させた息子ジョンのノーベル賞は、父子二人に与えられたと言われることもある。[39]

化学反応速度論は、文字通り化学反応の速度についての関心に始まる。なぜある化学反応は進行が速く、ある反応は遅いのかという素朴ともいえる課題である。水素と酸素のように、混ぜただけでは火がつかないものもある。実際には奥の深い課題で、その研究は、反応のメカニズムの解明につながった。化学工業が急速な発展を見せていた一九世紀後半のドイツで、これは重要な技術的課題だった。

理論の大きな進展は、一九一九年ごろにかけて、ハロゲン（塩素、臭素、ヨウ素など）と水素の化学反応が、複数の反応の組み合わせだと分かったことだった。化学反応式の最初と終わりには現れない反応が実際には途中で起こっており、これを「素反応」という。触媒によって化学反応が促進されるのも、触媒が素反応に介在するからだ。実際の化学反応は、式には現れない反応が組み合わさって、遠回りをしているわけだ。

ポランニーのチームの研究は、加熱して気化した金属ナトリウムとハロゲンの気体を極めて低い気圧の下でゆっくりと反応させるという独創的な実験だった。研究の短い報告は一九二五年に出版されたが、本格的な発表は二八年である。[40]

典型的な実験の一例を紹介しよう。図は、「希薄炎について」と題された二八年の論文（この年の五編の論文の最初）にある実験装置の説明図である。[41] 空気を抜いたガラス管の右端から塩素の気体が、

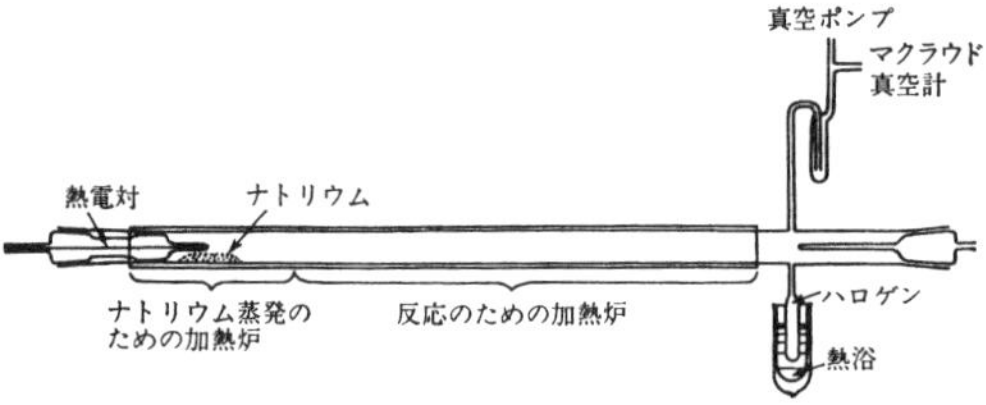

「希薄炎について」実験装置説明図［日本化学会編（1976年）p.67より］

反応速度実験装置［Scott & Moleski (2005) p.130ff より］

左端からは加熱されて気化したナトリウムが流される。ガラス管は長さ約一メートル、内径は三センチ。管の中で塩素とナトリウムが出会うと反応が起こり、塩化ナトリウム（食塩）が生成する。通常この反応は非常に速いが、気圧の低い状態でゆっくりと二つの物質が出会うように制御されている。[42]

図は、そのときに生成する沈降物（食塩）の量と、反応で生じるオレンジ色の光（ナトリウムD線、ナトリウムランプの色）の強さをグラフにしたものである。興味深いことに、発光のピークと沈降物の量のピークがずれている。このことからポランニーらは、沈降物曲線のピーク近くで一つの化学反応が、発光のピークでもう一つの化学反応が生じていると考えた。前者は初期反応で、反応エネルギーが小さいため発光しない。後者は後続反応で、発光をともなうエネルギーの高い反応である。沈降物の量を示す曲線の幅と気体拡散の理論を組み合わせて分析すると、各々の化学反応の速さが分かる。[43]

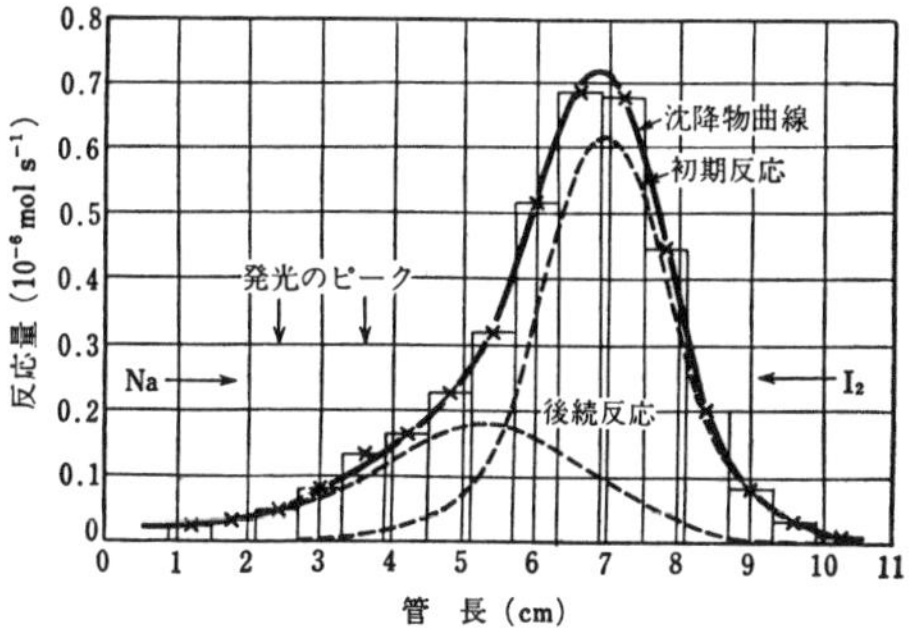

沈降物の分布［日本化学会編（1976年）p.70より］

この実験は、日本の児玉信次郎が強い印象を受けてポランニーの下に留学するきっかけとなったものだ。技術的に難しく、安定した結果を得るのが困難なものだった。最初の論文はポランニーのチームのハンス・ボイトラー（Hans Beutler）との共同の仕事である。彼はポランニーが研究室を立ち上げたときに助手となった人物で、ガスを使った実験技術に優れていた。[44] 続く四編の論文では、他のメンバーによって、塩素ガスの噴出点を変えるなどの実験に改良が加えられた。シュテファン・ボグダンディー（一八九〇〜?、Stefan または István Bogdándy）、ゲーザ・シャイ（一九〇〇〜九一、Géza Schay）の二人のハンガリー人、そして日本の大塚明郎らである。特にシャイは、ヘヴェシーの紹介で一九二七年九月にブダペストからやってきた人物である。[45]

（1）Nye (2011), p. 16. ポランニーは、出発直前の一〇月にカトリックに改宗した。*Ibid.*, p. 17.
（2）Scott & Moleski (2005), p. 43.
（3）*Ibid.*, pp. 55–6.
（4）*Ibid.*, p. 45, 57, 64, 74.
（5）玉蟲（一九七八年）、七二ページ。
（6）Scott & Moleski (2005), p. 64.
（7）Frank (2009), p. 100 より訳出。
（8）正しくは高等工業学校だが、本書では工科大学で統一。ちなみに、筆者が勤務していた東京工業大学は、大学昇格前には東京高等工業学校という名称だった。ドイツで高等工業学校が大学に昇格したのは、主に今世紀への転換期である。
（9）もちろん、皇帝の提案の裏には、教授たちや官僚の動きがあった。詳しくは潮木（一九九三年）。
（10）同、第四章。
（11）Nye (2011), pp. 52–3.
（12）ポランニー（一九八五年）、一二三ページ。
（13）ポランニーの英語原文には生化学とあるが、まだ生化学は分野として誕生していないので、研究所一覧によって改めた。
（14）ポランニー（一九八五年）、一二三ページ。
（15）宮田（二〇〇七年）、八七ページ。
（16）ポランニー（一九八五年）、一二四ページ以下。
（17）Scott & Moleski (2005), p. 69; Nye (2000), p. 376.
（18）*Ibid.*, p. 376.
（19）*Ibid.*, p. 383; Scott & Moleski (2005), p. 76、ポランニー（一九八五年）、一二四〜五ページ。

（20）玉蟲（一九七八年）、五四ページ。
（21）Scott & Moleski (2005), p. 85. 正式の昇任は二三年五月、*Ibid.*, p. 91.
（22）Nye (2011), p. 60.
（23）*Ibid.*, p. 105.
（24）Nye (2000), p. 376.
（25）*Ibid.*, p. 382.
（26）彼の名前は、レオロジーの分野でワイゼンベルグ数やワイゼンベルグ効果として残っている。
（27）玉蟲（一九七八年）、五五ページ。
（28）ポランニー（一九八五年）、一二四ページ。
（29）Tungsram は正確には商標で、正式名称は Az Egyesült Izzólámpa és Villamossági Rt. 英語名 United Incandescent Lamp and Electric Co. タングステン電球やクリプトン電球の会社として知られ、現在はＧＥの傘下。
（30）Palló (1998), p. 41r; Scott & Moleski (2005), p. 87. パッロー博士によると、ポランニーとオロワンは、タングステン・フィラメントを安価に製造するために協力した。
（31）ポランニー（一九八五年）、一二七ページ。
（32）同、一三一ページ、Scott & Moleski (2005), pp. 126ff.
（33）バイエルヘン（一九八〇年）、二〇八ページも見よ。
（34）Nabarro (1995), p. 322、ポランニー（一九八五年）、一三一ページ。
（35）同。
（36）オロワンは、後の一九三六年から三九年までトゥングスラム社で働き、ポランニーに協力した。
（37）公務員待遇の終身契約は一九二九年七月、Scott & Moleski (2005), p. 114.
（38）*Ibid.*, p. 94.
（39）大塚他（一九八七年）、一三、三〇ページ。

（40）ポランニーのチームの実験については、宮原孝四郎「化学反応速度論の着想と発展」『化学教育』、二八巻、一九八〇年、三四〜四〇ページが分かりやすい。
（41）日本化学会『化学の原典6 化学反応論』、東京大学出版会、一九七六年、六七ページ。ポランニーの実験の意義については二八ページ以下。
（42）余計なことかも知れないが、金属ナトリウムは爆発的な反応を起こしやすい大変に危険な物質なので、読者が追試をしたりしないようにくれぐれもお願いする。ちなみに、筆者は不用意な実験でナトリウムの爆発事故を起こしたことがある。
（43）原論文および Nye (2011), p. 116.
（44）Scott & Moleski (2005), p. 94.
（45）*Ibid.*, p. 106.

第六章　日本人の見たマイケル・ポランニー

ここまで日本人の名前が何人か出てきた。筆者は学生時代以来、科学史・科学哲学という分野を専攻してきた。だが、ポランニー相手に科学哲学の議論をしたという日本の研究者をついぞ知らない。しかし、科学者としてのマイケル・ポランニーに会ったという日本人は意外に多い。フリッツ・ハーバーが長を務めるカイザー・ヴィルヘルム物理化学・電気化学研究所で科学者としての頂点にあったポランニーとである。

たとえば、化学者で東京大学名誉教授の玉蟲文一（一八九八～一九八二）は、一九二七年四月から二九年一月の約二年弱、ポランニーと同じベルリンのカイザー・ヴィルヘルム物理化学・電気化学研究所に滞在している。第一次大戦の二年前に設立されたこの研究所について、玉蟲は次のように書く。

初代所長としてアンモニア合成法の基礎的研究において有名なハーバー教授がカールスルーエ工科大学から着任した。その後、戦中戦後の困難な時が続いたが、ハーバーは次第に人材を集め研究所の基礎作りを行なった。フロイントリッヒは戦時中に行われたガス戦の防御に用いる吸着剤の研究のために招かれたが、やがてハーバーの信任を得て所長代理となり、界面・コロイド化学の部門を開いた。ハンガリー出身のポランニーはカールスルーエ時代からのハーバーの協力者として招かれ、X線による構造解析や反応速度論の研究部門を担当した。(1)

以上からも分かるが、ドイツの毒ガス開発者として名高かったハーバーが所長を務めるこの研究所は、ハーバー本人、フロイントリッヒ、ポランニーの主宰する三つの部門から構成されていたと玉蟲はしている。実はこれに加えて、ルドルフ・ラーデンブルク（一八八二〜一九五二、Rudolf Ladenburg）の原子核物理の部門もあったが、(2)余り目立たなかったようだ。玉蟲はポランニーがカールスルーエ時代の協力者としてハーバーに招かれたと考えたようだが、すでに論じたように、これは誤解であろう。

玉蟲はこの研究所で、第一次大戦の巨額の賠償金の支払いのためにハーバーが研究した、海水から金を抽出するための実験装置を目にしている。研究所の財政は苦しくはあったが、このヴァイマール末期に「ハーバーの研究所は世界のブレンプンクト［焦点、Brennpunkt］であるといわれ、ハーバーほか幹部の所員たちはそれを自認していたようであった」。(3)一九二三年から三二年のこの研究所の驚異の研究成果は、フロイントリッヒとポランニーに対するハーバーの信頼と、彼らの協力によると玉蟲は見て取った。だが、「ナチスの暴力によってこれら三人のみごとな協力体制は破壊され、各所員も四散してしまった」。(4)ポランニーは、日本人から見ても、ドイツ科学の栄光を支えた研究所の中心人物の一人だったのだ。

玉蟲はフロイントリッヒの部門に所属したため、ポランニーと直接接することは少なかった。だが、一九二七年五月にドレスデンで開催されたブンゼン学会ではポランニーの発表があり、その後、彼の研究仲間たちとレストランで昼食をとった。「才気煥発のポランニーは、その自由な放談においても人々をひきつける力をもっていた」[5]との印象を述べている。

私事になるが、玉蟲文一先生は私の科学史の最初の指導教官・渡辺正雄先生の恩師だった。とはいえ玉蟲先生のご尊顔を拝したのは一度のみ、科学哲学の大森荘蔵先生の退官のお祝いの席であったと記憶する。学士会館で開催された宴では、八〇代半ばの病み上がりの玉蟲先生が挨拶をされた。内容はまったく覚えていないのだが、三〇分をゆうに超えるお話に、乾杯のお預けをくらった若手の出席者がひそひそと「老人の話は長い」などと罰当たりな悪態をついたのが思い出される。

さて、前述の通り玉蟲先生はハーバー研のフロイントリッヒの下で研究をされた。だが、ポランニーから直に指導を受けた研究者もいる。たとえば、我が国の化学の人材育成に多大な貢献をした児玉信次郎・京都大学名誉教授（一九〇六〜九六）である。ノーベル化学賞を受賞することになる福井謙一を大学院生として育て、やがて同僚とした化学者だ。

児玉（兒玉）信次郎は、一九二五年に京都帝国大学工学部工業化学科に入学し、喜多源逸教授の下で合成石油の研究を行った[6]。一九三〇年に住友肥料製造所（後の住友化学）に就職が内定するが、喜多の計らいで、着任前に二年間海外留学する機会を得た。理化学研究所の在外研究員という形をとり、住友が費用を負担した。

児玉は、学術誌に掲載されたマイケル・ポランニーの論文に感銘し、彼の研究室を留学先に選ぶ。

1931年ごろのポランニー研。日本人は児玉［Scott & Moleski (2005) p.130ff より］

喜多を通じて内諾をもらうと、一九三〇年一〇月一二日、京都からシベリア経由でベルリンに向かった。二三日、前年からベルリンで研究していた同門の桜田一郎の出迎えを受ける。さっそく翌日児玉は、彼に伴われてポランニーの所を訪ねた。桜田の方の留学先はカイザー・ヴィルヘルム化学研究所のクルト・ヘス（前出）の研究室で、ポランニー属するハーバー研と同じ、郊外のダーレムにあった(7)。

児玉は当時の学問のメッカ、ドイツに留学することに奮い立っていた。だが彼は、最初の面会で日本とドイツの違いに度肝を抜かれる。そのときのことを、児玉は次のように書いている。

> 私が飛び上がらんばかりに驚いたのは、冒頭ポラ（ン）ニー先生から、おまえは量子力学を知っているかと聞かれたことである。二年前に工業化学科を卒業したばかりの私がそんなものを知っているはずがない。当時の工業化学の課程では、硫酸や石鹼などの化学製品のテクノロジーに関するものが主で、数学の講義すら全然なかった。……量子力学といえば、ハイゼンベルグのマトリックス力学の最初の論文が出たのが五年前の一九二五年で、シュレディンガーの波動方程式が発表されたのがその翌年であった。当時、ベルリンに留学中の物理学の専門家の間にすら、あんなものは分からないのだといっている人がいた位である(8)。

量子力学を知らない者は私の研究室には入れないとポランニーに言われた児玉は、研究所の図書室で付け焼き刃の勉強をする。高度な数学に歯が立たなかったが、文献に一通り目を通して、とりあえずは研究室に入れてもらうことができた。文献を読んだとポランニーには言ったが、分かったとは言わなかったという。

だが、目先の実用研究に走る日本とは違い、ドイツの化学者が量子力学を駆使し、さらに原子核反応の研究までしているのを目の当たりにした。そこで児玉は、昼間は熱心に実験に取り組む一方で、夜はプランクの理論物理学、一般物理学や熱学まで、分からないところがないように読み込む。数学にも勉学を進め、高等数学の本も買い込んだ。恩師・喜多源逸の「応用をやるなら基礎をやれ」という教えも思い出しながら実践していたのであろう。

帰国した児玉は、しばらく住友化学に勤務した後、一九三九年、喜多源逸に京都帝国大学に呼び戻される。新設の工学部燃料化学科の教授となった児玉は、熱学、統計力学、量子力学を自ら講じた。さらに、理論物理学の荒木源太郎教授を工学部に迎える。児玉と入れ替わりでポランニーの元に滞在した堀内寿郎（のちの北海道大学学長）は、理学部ではなく工学部が理論物理学者を採用したのを知って、京大はえらいことをするなあと驚嘆したという。児玉は当たり前のことでしょうと答え、堀内をますます驚かせた(9)。

児玉が帰国してから八年後の一九四〇年、福井謙一が児玉研究室の大学院生となった。福井は、児玉がドイツから持ち帰った研究室所蔵の理論書を読んだ（後に大学の火事で焼失）。福井には留学経験がないが、留学したのと変わらない勉強ができたという。福井は、量子化学のフロンティア軌道理論で一九八一年にノーベル化学賞を受ける。

繰り返しになるが、児玉は一九三〇年一〇月から三二年にポランニーの研究室（以下ポランニー研と略す）に留学した。同じ研究所のフロイントリッヒのところに玉蟲が滞在したのは、これに先立つ一九二七年四月から二九年一月である。玉蟲の滞在と重なる一九二七年の秋から二九年一二月には、大塚明郎がポランニーのところに留学している（ドイツ滞在は二七年二月から）。

後に京城帝国大学理工学部長になる大塚（東京教育大学名誉教授）は、ポランニーの実験室で、ナトリウムとハロゲンの化学反応実験を担当した。これは、児玉が感動したというポランニーの一連の実験の一つだった。[10] 帰国が近づいたころ、大塚はポランニーがノーベル賞候補という噂を耳にした。また、ポランニーがイギリスに招聘されていると聞いたともいう。[11]

大塚は、自分へのポランニーの影響は、新しいもの（Was neues）を追わずにはいられなくなったことだという。現象を深く根源まで追い詰めて考えていく。自然科学研究の世界では過去のことであろうが、いまだに横文字を縦にして権威を振りかざすことが少なくない人文・社会科学の研究者には、耳の痛いところである。

ポランニーの下から一九二九年末に大塚が去り、その翌年に到着した児玉も三二年に去ると、入れ替わるように堀内寿郎がポランニー研にやってきた。研究室への到着は三三年四月である。[12]

実は、堀内は前年からすでにゲッティンゲン大学の物理化学の大家オイケンの研究室にいた。その彼に、ポランニーが声をかけたのである。堀内の場合は、留学というより、共同研究者として遇されていた。ゲッティンゲンからベルリンに出発する堀内は、同僚のエドワード・テラー（水爆を開発することになるハンガリー現象の科学者の一人）、ヴァルター・ハイトラー（すでに原子価結合法を発表していた）などの見送りを駅で受けた。

だが、歴史は激しく動いていた。一九三三年一月にヒトラーが政権を掌握し、ハーバーの研究所は危機に陥るのである。

（1）玉蟲（一九七八年）、四九〜五〇ページより、固有名詞の表記のみ一部改編。
（2）大塚他（一九八七年）、二三六ページ。
（3）玉蟲（一九七八年）、五一ページ。
（4）同、五六ページ。
（5）同、七五ページ。
（6）喜多源逸については、古川（二〇一七年）。
（7）桜田については、同、一〇二ページ以下。
（8）大塚他（一九八七年）、二五三ページ、また、児玉（一九七八年）、二五〇〜一ページも参照。
（9）大塚他（一九八七年）、二七三ページ。
（10）『化学の原典6　化学反応論』、八一ページなどを参照。
（11）大塚他（一九八七年）、二三八ページ。
（12）堀内（一九七二年）、五一ページ以下。

第七章　ポランニー研のハンガリー人

ここで話を約一〇年さかのぼって、一九二〇年代のポランニー研の初期に戻そう。ポランニーのチームには、一人のハンガリー人が加わった。ヴィグネル・イェネー（Wigner Jenő）、すなわち一九六三年にノーベル物理学賞を受賞するユージン・ウィグナーである。ポランニーより一一歳年下のウィグナーは、一九二三年ごろポランニーのチームに参加した。ウィグナーの回想によれば、ポランニーはこの時まだ繊維化学研究所にいた。[1]

ウィグナーの出自

ウィグナーは、曽祖父のころまでドイツ系のヴィーグナー（Wiegner）を名乗っていた。[2]彼の父ヴィグネル・アンタルは早くに父親を失い、アンタルの母は知り合いの製革会社社長を頼ってキシュクンフェーレジハーザ（Kiskunfélegyháza）からブダペストに出てきた。この会社は、ブダペスト第二の製革企業だった。若くから努力を重ねたアンタルは、社長に認められ、共同経営をする支配人となった。

アンタルは、同じくユダヤ人のエルザーベトと結婚した。彼女はキシュマルトン（Kismarton）の医師の娘で、親族は経済的に豊かだった。ハンガリー王国のキシュマルトンは、一九二〇年にオーストリアに編入され、現在はアイゼンシュタットと呼ばれる。ハプスブルク家に仕えるハンガリー貴族エステルハージ公が館を置き、ハイドンがお抱えの音楽士として活躍した場所である。

ウィグナーの祖父母はドイツ語の方がハンガリー語よりうまかったので、孫たちは彼らと話すためにドイツ語を勉強したという[3]。ウィグナーには姉と妹がおり、お転婆な妹マルギットは[4]、最初の結婚の破綻後に、英国のノーベル賞物理学者ポール・ディラックと結婚することになる。

ウィグナーの母親は夫に従う昔風の女性で、召使いを指示して豊かな家庭を切り盛りした。ウィグナー家はブダペストの南に夏の別荘を持っていた。また、ウィグナーが結核を疑われると、オーストリアの山中の富裕者向けのサナトリウムに送り出すほど経済的余裕があった[5]。

ユージン・ウィグナー［Scott & Moleski (2005) p.130ff より］

一九二〇年、ブダペストのファショリ福音派ギムナジウムを卒業したウィグナーは、ブダペスト工科大学に進んだ[6]。物理学に興味があったのだが、父親の希望で化学工学を専攻することになった。物理学を専攻したいと言ったときに、いくつ仕事のポストがあるかと父が聞いたので、四つだけと答えざるを得なかったからだ[7]。彼は息子が仕事を継ぐことを望んでいて、化学工学がこれに役立つと信じていた。

だがウィグナーは、大学の授業に満足できなかった。友人のノイマンとともに彼が通ったファショリ福音派ギムナジウムは教育のレベルが高かった。そのため、ブダペスト工科大学の授業（特に物理学）は、ギムナジウムの繰り返しにしか感じられなかったという。(8)

ウィグナーが大学に進んだのは、第一次世界大戦の終戦直後である。彼は戦争に動員されるには若すぎた。だが父の会社は革命の混乱に巻き込まれ、社会主義政権によって一時国有化されたりした。その後も続くハンガリーの政治的混乱を嫌っていた父親は、息子を国外に出したいと考えた。自伝を読む限りでは、ウィグナーの反共主義は、この時に起源があるようだ。

ベルリン工科大学入学とベルリン大学のコロキウム

社会の混乱の中でも、ウィグナー家はベルリンへ家族旅行に出かける余裕があった。旅先で父親は、シャルロッテンブルク地区の荘厳な建物に印象を受けた。そこにある工科大学を気に入り、ここにウィグナーを送り出すことに決めた。もちろん、化学工学を専攻させるためである。

社会主義（共産）政権後に反ユダヤ主義の高まっていたハンガリーとは違い、ドイツの政治は相対的に安定しているように思えた。これについてウィグナーは自伝で、一九二〇年代の多くのユダヤ人の典型的な誤解だとしている。(9)とはいえ、ハンガリーのような極端な反ユダヤ主義が高まっていなかったのは事実だった。

一九二一年、一八歳のウィグナーはベルリン工科大学の学生となった。工科大学では、試験に受かりさえすれば授業には出席しないでもよかった。だが、毎日の実験は大変だった。授業で興味を持てたのは、理論物理学だった。ウィグナーには、工学は物理学の応用にしか感じられなかったという。しかも、ベルリン工科大学とベルリン大学の教師たちは交流もせず、雰囲気も違った。[10]

そんな中で、水曜日の午後に開催されるドイツ物理学会のコロキウムに出席したことが、ウィグナーの人生を大きく変えることになる。[11] このコロキウムは、工科大学の近隣の帝国議会岸(Reichstagufer) にあるベルリン大学物理学研究所で午後五時から七時まで持たれた。

通常六〇名ほどが出席し、アインシュタイン、ラウエ、プランク、ハーバー、ネルンストなどのノーベル賞受賞者がずらりと並んだ。[12] ノーベル賞受賞者が三名以下しか出席していないと参加者ががっかりしたというほどだという。[13]

若手として、ハイゼンベルク、パウリ、ベッヒャー（オロワンの上司となる人物）なども顔を出した。ブダペストではいまだに原子や分子の存在が疑われていたが、このコロキウムではそれを当然のこととして、最前線の議論が行われていた。最初はほとんど内容が分からなかったが、たくさんの文献を読んで追いついた。

木曜日にラウエが開催する最新論文の輪読会も刺激的だった。前日のコロキウムの主催者であるラウエが、コロキウムの場で四〜五編の新しい論文のタイトルを挙げて、いろいろな人に翌日に口頭で報告させるのだ。ここにもプランクやネルンストが出席し、アインシュタイン自身の報告もあった。たとえば、いわゆるボーズ統計を扱ったものである。ウィグナーも報告の機会を与えられた。曖昧な報告は許されず、はっきりしないと即座に質問を浴びせられた。会合が終わると、近隣のカフェで議論が続く。[14] ウィグナーは、わけもわからないうちに、最先端の物理の世界に放り込まれたのだ。

ポランニー研のウィグナー

ベルリン工科大学の三年生になったウィグナーは、一九一四年創設のカイザー・ヴィルヘルム物理学研究所の建物で毎週一八時間を過ごすことになった。アインシュタインが長を務める研究所である。

この研究所のあるダーレムの地で、ウィグナーは、繊維化学研究所のポランニーと出会う。ブダペストの父の会社のエンジニアがポランニーと知り合いで、熱心な紹介状を書いてくれたのだ。[15] 研究だけではなく、学識の深さと人柄で、ウィグナーの「人生に決定的な刻印を残した人物」との出会いである。[16] ウィグナーは、ポランニーを根本的な問いを投げかける「驚異的な教師」としている。[17]

研究の面でウィグナーが最初に関わったのは、ポランニーの助手のユダヤ人で、オーストリア人のヘルマン・マルクだったようだ。マルクは、第一次大戦でオーストリア゠ハンガリー帝国のスキー部隊に従軍し、イタリアやロシアで戦った。[18] イタリア戦線とロシア戦線は、多くのハンガリー人が犠牲になった場所としても知られる。[19] ウィーン大学で一九二一年化学の博士号を取得したマルクは、指導教員に従って同年ベルリン大学にやってきた。大学助手とカイザー・ヴィルヘルム協会繊維化学研究所の助手の兼任である。

マルクは、ウィグナーの卒業論文（ディプロマ論文）を指導した。テーマは、硫黄の結晶構造についてだった。この頃はまだ、硫黄の結晶の原子の配置がよく分かっていなかった。それは、ウィグナーの生涯の主題となる対称性との出会いだった。[20]

ポランニーへの紹介状を受け取った後で、ウィグナーはある晩にマルクと共にポランニーの自宅に招待された。ウィグナーは、ポランニーとマルクが次々と研究について話題を転じていくのに打たれた。その学識は、物理化学のあらゆる分野に及ぶように思えた。[21]

同じハンガリー人ということもあってか、一〇歳以上年齢が離れているのに、彼はポランニーと親しい友人となった。研究室に招かれ、会合やコロキウムにも出るように誘われた。ポランニーはウィグナーに、ハンガリーでの愛称であるミシーと呼んでくれと言ったという。

ポランニー研でウィグナーは、結晶の対称性と化学反応速度について勉強した。ポランニーの指導は素晴らしく、「私の全人生で、ポランニーのように上手に人を鼓舞することのできる人をかつて知らない」とウィグナーは述べている。[22]

博士論文と量子力学

ポランニーは、ウィグナーの博士論文の指導教員となった。ウィグナーは最初、論文の主題についてベルリン工科大学のマックス・フォルマー教授（一八八五〜一九六五、Max Volmer）に相談した。だが、分子の会合反応について研究したいというウィグナーの考えにフォルマーは懐疑的だった。

そこでウィグナーは、ポランニーに指導を仰ぐことにした。幸いポランニーは一九二三年にベルリン大学で教授資格（Habilitation）を取得しており、ウィグナーが所属するベルリン工科大学の私講師となっていた。[23]

ウィグナーの研究は、まだ当時形成途中だった量子力学を化学反応に適用するものであった。彼は、量子力学を前提とすると化学反応が不可能ではないかと思い当たったのだ。量子力学では、原子や分子の周りを回る電子は、飛び飛びのエネルギーの値をとる。水素の二つの原子がぶつかって、水素分子ができる反応を考えよう。分子の周りの電子は、飛び飛びのエネルギーレベルを持つ。とするならば、反応の過程で、飛び飛びにぴったり見合ったエネルギーが衝突によって供給されなければならない。そんなことは奇跡に近いから、ある程度の誤差が許されなければならない。これは、角運動量についても同様である。ウィグナーは、「分子レベルのエネルギーは完全に明確には決まっていない」ということを示唆した。それは、ハイゼンベルクの不確定性原理を予期させるものだった。[24]

一九二五年、この研究でウィグナーは博士号を取得する。その結果は、ポランニーと共著の論文として刊行された。ポランニーは、弟子のウィグナーによって量子力学に導かれたとも言えよう。だがそれは非常に数学的なもので、ポランニーの不得意なものだった。ポランニーは日記で、ウィグナーの数学について行けないとこぼしているという。[25]量子力学は、必要だが困難なものだったのだ。この五年後の三〇年、ポランニーの所に留学した児玉信次郎が量子力学を知っているかと聞かれたのも、当然の状況であったと言えよう。

ベルリンに呼び戻される

ウィグナーは、学位を取得すると父親の製革会社で働くためにブダペストに戻った。父の希望を叶えようとしたのだ。とはいえ彼は、物理学の夢を捨てることができなかった。ドイツの物理学雑誌を複数取り寄せて最前線を追いかけた。そんな彼の下に翌二六年、ベルリンのヴァイゼンベルクなる人物から手紙が届いた。カイザー・ヴィルヘルム協会の研究所で、X線研究の助手にならないかというのだ。ポランニーの結晶研究の協力者ヴァイゼンベルクであり、もちろんポランニーが気を利かせて手を回したのだ。すでに息子の能力が自分の及ばないところに行ったことに気づいた父親は、いさぎよく夢をあきらめてウィグナーをベルリンに送り出した。こうしてウィグナーは、月給四五〇マルクの職業科学者となった[26]。

ベルリンでヴァイゼンベルクがウィグナーに与えた課題は、結晶の中で原子がなぜ対称面あるいは対称軸に並ぼうとするのかということだった。群論を勉強して、この問題を解くようにという指示だった。ウィグナーは、位置エネルギーを計算することで解答を与えた。この研究をきっかけにして彼は、量子力学における対称性の役割に取り組む[27]。

ウィグナーは、群論が彼にとって難しいものであったという。彼は、ブダペストのギムナジウム時代からの友人で、当時ゲッティンゲン大学のヒルベルトの下にいたノイマンに助力を求めた[28]。二人は、一九二八〜二九年、共著で五編の論文を出版している[29]。一九三一年、ウィグナーは主著『群論と量子力学』をドイツ語で発表する[30]。彼は、原子の電子構造に群論を応用したのである[31]。

科学の中心地ベルリン

科学の中心がドイツからアメリカに移って久しい。しかし、一九二〇年代のドイツの科学はすさまじかった。まだアメリカの科学が国際的にほとんど相手にされていなかった時代だ。ポランニーの勤めるカイザー・ヴィルヘルム協会はその中心の一つだった。協会は、傘下に複数の研究所を抱えていた。ベルリン郊外のダーレムには、ハーバーの物理化学・電気化学研究所があった。そのそばに一四

ハーバー（左）とアインシュタイン（1914年頃）［写真提供：Archives of the Max Planck Society, Berlin］

年、アインシュタインを長とする物理学研究所が発足した。アインシュタインは、一九一三年、スイス連邦工科大学からベルリンのプロイセン科学アカデミーに招聘されており、兼任である。ハーバーの研究所と同時に創設された化学研究所には、三八年にウランの核分裂を見つけるオットー・ハーンとリーゼ・マイトナーが放射能部門にいた。ハーバーの親しい友人で、一九一五年にノーベル賞を受賞したリヒャルト・ヴィルシュテッター（一八七二〜一九四二、Richard Willstätter）も、一六年にミュンヘン大学に転じるまで有機化学部門長を担当した。

ダーレムで隔週月曜日に開かれるハーバーのコロキウムは、研究交流の中核だった[32]。それは一九年一〇月、第一次大戦の終戦翌年に始められた極めて学際的なコロキウムだった[33]。

物理学研究所と科学アカデミーに所属するアインシュタインは、もう一つの中心、ベルリン大学の教授を兼任していた。ベルリン大学の理論物理学の教授はマックス・プランクで、弟子のラウエが教授として一九年にフランクフルト大学から着任した。恩師に先立ってラウエは、一四年にすでにノーベル賞を受賞していた。プランクが二六年に大学を引退すると、ウィーン生まれのシュレディンガーがチューリッヒ大学から移籍して理論物理学の教授の後を継いだ[34]。ベルリン大学を引退したプランクは、三〇年、カイザー・ヴィルヘルム協会全体の組織の会長となる。

前にも触れたが、ベルリン大学の物理学研究所では、毎週水曜日にコロキウムが開催されていた。元々は黒体輻射の測定で知られるハインリッヒ・ルーベンス（一八六五〜一九二二、Heinrich Rubens）が主宰していたが、ラウエが運営を担うようになっていた。ゲッティンゲン大学から物理化学者ネルンストがベルリン大学の物理化学の教授に転じたのは一九〇五年と早い。社交的でやんちゃなネルンストは、ハーバー研でもベルリン大学でも議論を盛り上げてセミナーに華を添えた。アインシュタインやプランクはネルンストらと前列に座して活発に討議した。いちいち研究論文を読まなくても、ここに出れば物理学の最先端を理解することができた。(35)

ベルリン大学のコロキウムに出席したノーベル賞受賞者(36)

	受賞年	分野
ラウエ	1914	物理学
プランク	1918	物理学
ハーバー	1918	化学
ネルンスト	1920	化学
アインシュタイン	1921	物理学
ヘルツ	1925	物理学
フランク	1925	物理学
ハイゼンベルク	1932	物理学
シュレディンガー	1933	物理学
ハーン	1944	化学
パウリ	1945	物理学

ベルリン工科大学の授業に飽き足らないウィグナーが、ベルリン大学のコロキウムで新しい物理学の世界に導かれたことは本章の冒頭で触れた。彼は、このセミナーで、生涯の友となるハンガリー人と出会うことになる。レオ・シラードである。(37) 四歳年上のユダヤ人シラードも、ベルリン工科大学の学生だった。専攻は電気工学だったが、ウィグナーが会ったときにはすでに理論物理学に興味を引かれていた。二人とも母語がハンガリー語だったので、母国語で話す

と子供時代がなつかしく思い出された。他方でウィグナーは、シラードがドイツ語に堪能だったとも述べている。(38)

レオ・シラードの「亡命」

ここで時間をさかのぼって、シラードが生まれた一八九八年に戻そう。彼は二月一一日、ブダペストの裕福なユダヤ人家庭に生まれた。父親はルイ・シュピッツ。先祖は東方のガリツィアからハンガリー王国のアールヴァ県に来たらしいとルイは語っていたという。ルイはドイツ語が母語だったので、ハンガリー語の習得に苦労しながらブダペスト工科大学で土木工学を学んだ。努力の甲斐あって、彼は建設業界で良い仕事に就くことができた。ついには、鉄道建設の会社を自ら設立する。(39)

シラードの母親は、ブダペスト生まれのテクラ・ヴィドールという女性だった。父ジークムントはルスティッヒという姓だったが、結婚を機会に姓をハンガリー風のヴィドールに改めていた。ジークムントは、市民公園の小児病院に勤務する名の通った眼科医だった。彼も妻も、ハンガリー語よりはドイツ語を得意としていた。(40)彼らには五人の子供がおり、テクラはその三番目だった。(41)

レオ・シラードの父ルイと母テクラは、テクラの従兄弟の紹介で一八九六年「偶然」に出会った。二五歳のテクラには、三六歳のルイが自立した大人に見えたという。九七年八月に結婚すると、彼らは市民公園近くのイタリア・ルネッサンス様式のアパートメント・ハウスに居を構えた。

ルイとテクラは、ユダヤ人同士の結婚だった。ルイは結婚して初めて、妻が資産家の娘だと知った。彼らの家には、お抱えのコックやメイドが雇われた。翌年、息子レオが誕生する。一九〇〇年に弟べラが生まれると、直後に父は姓をシュピッツからハンガリー風のシラードに改めた[42]。翌年妹のロージーが生まれ、レオは三人兄弟のリーダー格となった[43]。

一九〇二年、シラードの一家は木造の大きな館の一角に引っ越した。建築家だったテクラの兄が初仕事として手がけた建物である。テクラの両親が発注し、三人の娘の家族が各階に住んだ。両親が亡くなると、娘たちが相続した[44]。

ヴィドール・ヴィラとして知られるこの建物は現存し、リスト音楽院ベーラ・バルトーク・カレッジの建物となっている。市民公園から延びる並木通り（Városligeti fasor）にたたずむ、瀟洒な木造建築である。シラードは、ここで従兄弟六名と暮らすことになった。

ヴィドール・ヴィラ（シラードの家）［著者撮影］

子供時代の勉強を彼は、家庭教師からハンガリー語、ドイツ語、フランス語、英語を学んだ。数学に優れていたが、文学も好んだという[45]。レオと弟のベラは工作好きで、母親のオペラグラスのレンズを使ってカメラを作ってみたり、電気ポット製作に挑戦したりもした[46]。

一九〇八年、一〇歳でシラードは前述のように第六区国立中央実科学校に入学する。だが、実はシラードの住んでいたヴィドール・ヴィラのすぐ並びにも、優れた学校があった。これも前述のファショリ福音派ギムナジウム（略称・ファショリ・ギムナジウム、Fasori

Gimnázium）である。ウィグナーとノイマンは、この学校で学んだ（写真・三一ページ）。

シラードの家は、並木通りの三三番地にあった。ファショリ福音派ギムナジウムは、同じ通りの一七番地から二一番地までと近い。現在この学校の壁には、ウィグナーとノイマン、そして戦後のノーベル賞受賞者ハルシャーニの名前が卒業生としてパネルに記されている。ウィグナーとシラードはベルリンで初めて知り合うのだが、子供時代に道ですれ違ったことぐらいはありそうだ。(47)

一二歳のとき、シラードはエトヴェシュの弟子でブダペスト工科大学の物理学者ジェゼー・ゼンプレーン（一八七九〜一九一六、Győző Zemplén）の電気理論の教科書を買い求めた。父ルイも誕生日に実験道具をプレゼントした。学校の授業での実験は、シラードをうっとりさせるものだった。(48) シラードは一九一六年、ギムナジウムの学生が学力を競うエトヴェシュ・コンテストの物理学で一位となり、数学でも二位を取った。数学の一位は、同級生のアルベルト・コロディ（一八九八〜一九九五、Albert Korodi、Albert Kornfeld とも）だった。コロディは、シラードとともにブダペスト工科大学に進学し、(49)ベルリンでも一緒になる人物である。

一九一六年六月、レオ・シラードは第六区国立中央実科学校を最優等で卒業した。工学を学ぶことに決めて、九月にブダペスト工科大学土木学科に入学する。自国の理学教育を低く見ていただけではなく、生計を立てるのには実際的な工学がよいと周囲の人に勧められたからだ。しかし早くも二学期目、製図や材料工学の授業には飽きてしまった。

一九一七年一月、理由は不明だがシラードは所属を土木工学から機械工学に変更した。(50) 成績は数学や自然科学の方が、工学的な科目よりもよかった。だがシラードは、工学を学んだことを後悔はしなかった。「工学を学んでいた間に習いおぼえたことは、後にウランの核分裂の発見後、大いに役立ったからである」[51]。

第一次世界大戦は、レオ・シラードが工科大学に入学する二年前にすでに始まっていた。大学生だったシラードは従軍を免除されていたが、一七年九月、志願してオーストリア゠ハンガリー帝国陸軍の第四山岳砲兵連隊に加わった。

戦争が終わり、一九一八年一〇月三一日に菊の革命でカーロイ政権がハンガリーに誕生した。だが、戦後のブダペストは荒廃していた。治安が良くなかったので、シラードは従兄弟たちと武器を持ってヴィドール・ヴィラを守らねばならなかった。

レオがブダペスト工科大学に復帰する一方で、弟のベラも同じ工科大学の機械工学科に入学した。授業はまだ正常化されてはおらず、正規の再開は一九年一月だった。それに先だって、レオとベラは左翼的なガリレオ・サークルに加わったり、ニューヨーク・カフェの学者の集まりに出席したりした。

ロシア革命の影響か、あるいはハンガリーのインフレーションの影響もあってか、ニューヨーク・カフェの会合に参加するうちにシラードは経済学に興味を持つようになった。経済学は不正確で、きちっとしたロジックを欠いていると彼は考えた。常に未来を現在の単純な延長と考えているというのだ。彼はハンガリーの政治経済の立て直しには社会主義が必要とする一方で、ソビエトと関係のある共産党とは距離を取った。筆者の研究協力者のガーボル・パッロー博士の言葉を借りれば、「シラードは常にピンク」だったのだ。

レオは税制の改革が必要としてビラを作成し、「ハンガリー社会主義学生同盟」の設立を目指した。

レオと弟のベラは集会を開催したが、レオのビラの内容は曖昧模糊としていて、誰も理解できなかったという。結局、集会は一回だけで終わってしまった。(52)

一次大戦の終結にともない国内外で政治は激しく動いていた。一九一八年一一月一一日、ハプスブルク家の皇帝カール一世が退位し、翌日オーストリア共和国が成立した（第一共和国）。こうして、オーストリア＝ハンガリー帝国は完全に消滅した。一九年二月、ドイツでは選挙の結果ヴァイマールに国民議会が招集された（八月末にヴァイマール憲法制定）。革命後のロシアでは、なお赤軍と白軍の戦いが続いていた。

シラードはしばらく勉学に戻り、軍務のために受けられなかった試験を受けた。だが、一九年三月にカーロイ政権がベーラ・クンの社会主義政権に政権を譲ると、再び社会は混乱する。リベラル派や社会主義派の学生は議会前で集会を開催し、通りを練り歩いた。シラード兄弟も、「ハンガリー社会主義学生同盟」の旗を掲げてトラックでブダペスト中を走り回った。

ガリレオ・サークルを通じて、レオは新政権の閣僚を知るようになった。多くがユダヤ人の政権は危なっかしく思えた。彼は反ユダヤ主義の反動が来ることを予見した。案の定八月一日、クンの社会主義政権は瓦解する。

シラード兄弟が九月に大学に戻ろうとすると、数十人の学生が入り口のステップでピケを張っていた。彼らは、ユダヤ人はここでは勉強できないと叫んだ。レオとベラは、自分たちはカルヴィン派だと抗弁したが、暴力を受けてステップを転がり落ちた。実際、シラードは反ユダヤ主義を感じてカルヴィン派に改宗していた。(53)

クンの政権の行く末を予感していたシラードは、あらかじめ夏からベルリン工科大学に移る準備を始めていた。クン政権の知り合いに頼んで、パスポートとビザを申請していたのだ。同時に、ブダペスト工科大学の単位をできる限り取得した。ホルティ反動政権が九月に成立すると出国ビザを申請し直したが、クン政権で社会主義運動をしたかどで発給を拒否された。レオとベラの名前は、工科大学の危険人物五名のリストに掲載されていた。ホルティ政権にコネのある信頼する友人に依頼し、賄賂も使って何とかビザを得たのは一二月半ばだった。

父から一〇〇ポンドの英貨をもらい、ベルリンに後から来るはずのベラと別れてレオが出発したのはクリスマスの日だった。駅で長距離列車に乗ると警察の目に付く危険があったので、彼はウィーンに向かうドナウ川の観光船に乗り込んだ。街を照らすクリスマスの光を眺めながら、シラードは戦争や革命、反革命を思い出していた。

シャルロッテンブルクからベルリン大学へ

二〇年一月六日にシラードが到着したベルリンは、失業、飢餓、物価高に苦しめられてはいたが、活気に満ちていた。一年前に起きたスパルタクス団の蜂起は鎮圧され、ヴァイマール期の浮ついた繁栄が始まろうとしていた。ブダペストに残してきた弟のベラも、何とかビザを得てベルリンにやってきた。二人が住む下宿には、ハンガリー時代からの友人アルベルト・コロディがしょっちゅうやってきて、ほとんど毎晩兄弟と一緒に勉強した。(54)

勉学熱心ではあったが、相変わらずレオは製図が嫌いで、作業の完成は弟のベラに任せていた。ついにレオは、工学への興味を失ってしまう。物理学のことばかり考えていたのだ。彼には、工学はすでに確立した知識の定型的な応用に思えた。だが、物理学は工科大学では教えられていなかった。

彼はベルリン中央の大きな公園ティーアガルテンを横切って、ベルリン大学物理学研究所のコロキウムに毎週出席するようになった。[55] 一九二〇年春のことだ。[56] ここで翌年、ウィグナーと出会うのだ。シラードはベルリン大学への転学を考え、一九二一年半ばごろ工科大学を去った。[57]

物理学黄金時代のベルリン大学で、シラードはプランクやラウエらの授業に出席した。マックス・プランクの授業を履修しようと申し出た際に、シラードはプランクに「私は物理学の事実だけを知りたいんです。理論は自分で作ります」と言い放ったという。ジェームズ・フランク（一八八二〜一九六四、James Franck）は、マイケル・ポランニーに宛てて、この話をプランクから聞いたときに二人で笑ってしまったと書いている。[58]

ジェームズ・フランクは、一九二五年にグスタフ・ヘルツとともにノーベル物理学賞を受賞する人物である。彼は後にアメリカに移ってマンハッタン計画に参加し、最終段階で原爆の日本への無警告投下に否定的な報告書をまとめる。この「フランク報告」（一九四五年）を支持する署名をシカゴの科学者の間で行うのは、他ならぬシラードである。

シラードの友人になったウィグナーは、彼の物怖じしない態度に印象づけられた。[59] 偉い人とためらわずに話し、アインシュタインにも時おり話しかけていたという。ウィグナーの方は、横で立っているだけだった。もっともウィグナーは、仲良しのシラードが極端に自己中心的で、生涯で一番当惑させられた人物だったとも述べている。

一九二一年の冬学期、シラードは大胆にもアインシュタインに統計力学のセミナーを開くように頼んだ。天性の自由人アインシュタインは、無頼ともいえるシラードに何か感じるところがあったのだろう。アインシュタインが了解すると、シラードは卓越したメンバーを集めた。ゼミには二五名ほどが参加し、友人のウィグナー、彼ら同様にブダペスト工科大学から移ってきたデニス・ガボール（一九〇〇〜七九、Dénes Gábor、Dennis Gábor）が加わった。ギムナジウムを卒業したばかりのノイマンも、ベルリンにいるときには出席した。[60]

シラードは、アインシュタインのゼミで学んだことに触発されて博士論文を書くことになる。他方で彼は、このゼミに出て自分の数学の能力に限界を感じたらしい。ウィグナーは、シラードが量子力学を避けたのはそのためだと述べている。悔し紛れにかシラードは、必要な時には「いつでも数学者に聞けるのだから、数学を勉強する必要はない」とデニス・ガボールに語ったという。[61]マイケル・ポランニーと似た発言である。

熱統計力学への寄与

アインシュタインのゼミが始まる二一年の秋、シラードは、当時の習慣に倣って指導教官に博士論文のテーマを与えて貰うことにした。彼が選んだ指導教官はラウエである。ラウエは、アインシュタインの一般相対性理論に関係する主題を与えた。だがシラードには、解ける問題なのかも分からず、前に進めなかった。

転機はクリスマスに訪れた。クリスマスは遊んで過ごすべきと思っていた彼は、思いつくまま何でも考えることにした。すると、相対性理論とは関係のないテーマが心の中に浮かんだ。長い散歩に出かけて、途中で分かったことを書き留めた。翌朝目覚めると新しいアイディアがわいた。そんなことが三週間ほども続き、論文ができあがった。

ラウエの与えてくれた課題ではなかったので、彼に持っていく自信はなかった。そこで、アインシュタインのゼミの後で、アインシュタインに自分のアイディアを述べた。アインシュタインは「それは不可能だ。そんなことはできるはずがない」と言った。シラードは「いや、そうなんです、私はやったのです」と答えた。シラードが説明すると、アインシュタインは短時間で理解してほほえんだ。

これに自信を得たシラードは、論文をさっそくラウエのところに持参した。授業が終わったときにラウエを捕まえて、先生に与えていただいたものとは違うのですが、読んでいただけますかと尋ねた。ラウエは一瞬当惑したが、シラードの論文を持って行った。翌朝下宿の電話が鳴った。「君の原稿は博士論文として受理された」とラウエが言った。(62)

シラードの博士論文は、熱力学について極めて独創的な事実を明らかにしたものである。ここでは単純化して説明しよう。熱力学は、気体の体積、圧力、温度の関係を現象的に説明することから始まった学問である。気体の体積が、圧力に反比例することはよく知られている。当初は、なぜこのような現象が起こるのかの理由は棚上げされていた。だが、イギリスのジェームズ・クラーク・マクスウエル(一八三一〜七九、James Clark Maxwell)らによって、気体を運動する分子の粒の集まりと見て説明する「気体分子運動論」が確立された。さらにウィーン生まれの物理学者ルートヴィッヒ・ボルツマン(一八四四〜一九〇六、Ludwig Boltzmann)は、エントロピーを扱う熱力学第二法則を、気体分子が取る「場合の数」から統計的に説明することに成功した。こうして、巨視的な熱力学の現象は、微視的な統計力学によって基礎づけられた。

シラードはこの逆、すなわち巨視的な熱力学から統計力学の定数を導出するという離れ業をやってのけた。そこでは気体分子の存在を前提とせず、数学による一般的な統計的変動だけが考慮された。シラード自身の説明を引用しよう。

私がこの論文を書くまでは、熱力学的ゆらぎを支配する諸法則は力学から導き出されるにちがいないと思われ……ていた。私が示したことは、熱力学の第二法則は平均値に関する平凡な叙述より以上のものであり、熱力学的ゆらぎを支配する諸法則をもカバーするものだということであった。(63)

この論文の約六ヶ月後、シラードはまたもや非常に独創的な論文を書いた。それは、マクスウェルの悪魔（デモン）という難題を扱ったものである。現在にも影響の大きい「シラードのエンジン」の出発点となる論文だ。情報が、熱力学のエントロピーと関係することを示唆するものだ。だが、シラードのこの論文についてはここまでとしよう。ネット上で「シラードのエンジン」と検索すれば、優れた解説に行き着くことができるからだ。

シラードは一九二五年、マクスウェルのデモンについての論文によってベルリン大学から教授資格（Habilitation）を取得した。プランクもラウエもこの論文を絶賛したし、審査委員のハーバー、ネルン

スト、ボーデンシュタインらも同様だった。(64)

ベルリン大学の私講師となったシラードは、二八年から、ノイマン、シュレディンガー、フリッツ・ロンドン、リーゼ・マイトナーらとジョイントで授業を行った。(65)

特許への関わり

アインシュタインは孤高の人だったが、シラードとは仲が良かった。コロキウムの後で、シラードは彼の自宅まで一緒に歩いた。アインシュタインは、ベルリン大学教授としては授業の義務がなかった。だが、アインシュタイン夫妻は水曜日に自宅で学生にお茶とお菓子を振る舞うのを常としていた。ヘルマン・マルクやマイケル・ポランニーも時に顔を出した。シラードは毎週来ていたという。否それどころか、アインシュタインとシラードはほとんど毎日会っていたと周囲の人々は後に証言している。シラードの伝記作家のラノウエットは、シラードにとってアインシュタインは父のような存在だったのではないかと書いている。(66)

二人は純粋科学だけでなく、実際的な応用に関心を持つ点も共通していた。両者の協力の成果が冷蔵庫の特許だった。(67)きっかけは、冷蔵庫からのガス漏れが原因で、とある一家全員がなくなったという記事をアインシュタインが新聞で読んだことだった。初期の家庭用電気冷蔵庫は、冷媒に毒性のある塩化メチル、アンモニア、二酸化硫黄などを用いていた。それが漏れ出したのだ。アインシュタインは、機械的な運動部分のない冷蔵庫ができれば、封入部からの冷媒の漏れは起こらないと考えた。

一九二五年の冬、シラードが私講師になろうとしていたときに共同研究が始まった。条件は、特許収入がシラードの助手としての収入以下の場合にはすべてをシラードに、それ以外の場合には平等に分割するというものだった。アインシュタインは、まさに父親的な配慮を見せている。

アインシュタインはちょうどこのころ、職についてもシラードに助言している。スイスの特許局で勤めていたときが自分にとっては最善の時だったからと、シラードにも特許局勤めを勧めたのである。(68)ついでに書くと、冷蔵庫の特許の申請は、特許局勤務の経験のあるアインシュタインにとってはお手の物だった。

アインシュタインとシラードは、三種類の冷蔵庫を考えた。詳細は省くが、その最初はいわゆるガス冷蔵庫の改良である。シラードはドイツ企業と契約し、ハンガリー以来の友人コロディのベルリン工科大学の研究室で一九二六年末に開発に取り組んだ。

アインシュタインとシラードの冷蔵庫
[『日経サイエンス』1997 年 4 月号、p.115 より]

もう一つのアイディアは、水道の水圧でチェンバーに真空を作り出し、水とエタノールを蒸発させるというものだった。コロディによれば、これはアインシュタインの着想だった。技術的には成功したが、ドイツの水道の水圧が一定ではなく、実用にならなかった。

一番成功したのは、電磁的な力で金属流体を駆動するタイプの冷蔵庫だった。液体金属がピストンの役割をして、冷媒を圧縮するのだ。当初は液体金属に電流を流すことを考えたが、アインシュタインが外部コイルに電流を流して金属を駆動するアイディアを思いついた。アインシュタインとシラードは、この発明で八つのパテントを取得したが、それは冷蔵庫では実用化されなかった。ところが一九四〇年代になって、このポンプが原子力の高速増殖炉に使えると分かった。実は高速増殖炉のアイディア自体、シラードによる。

ジェネラル・ディレクター

博士号を取得しただけの二二年の段階で、すでにシラードは職探しを始めていた。彼は、フランクフルト大学の物理化学研究所の助手に応募するのに、マイケル・ポランニーに推薦状を書いてもらった。[69] これはうまくいかなかったようだ。

実はポランニー兄弟とシラードは、第一次世界大戦直後のブダペストですでに知り合っていた可能性が大きい。シラードの伝記でラノウエットは、彼らはガリレオ・サークルで出会ったとする。[70] 栗本によれば、ポランニーの父ミハーイの成功していた事業が倒産に追い込まれたとき、彼の会社の主任技師はシラードの父ルイであったという。[71] 当時レオはまだ二歳だったが、子供時代から面識があった可能性もある。

二二年から二四年、シラードはダーレムのカイザー・ヴィルヘルム協会繊維化学研究所で働いた。[72] シラードはポランニーの助手のヘルマン・マルクと良好な関係で、X線の実験を一緒にした。[73] マルクとシラードは、結晶でのX線の異常散乱と反射による偏光について二編共著の論文を書いた。マルクのX線の研究には当然ながらラウエが関心を持っていたし、アインシュタインもコンプトン効果（二

いた。(74)

二年発見）との関係で研究室を頻繁に訪れていた。そこでは、ウィグナーが論文のための実験をしていた。(74)

オーストリア＝ハンガリー帝国の同世代のユダヤ人として、マルクとシラードはウィットの効いたジョークも楽しんだという。やはりウィーン生まれの物理学者ヴィクトール・ヴァイスコップ（一九〇八～二〇〇二、Victor Weisskopf, ヴィクター・ワイスコフとも）も、パーティーなどに参加した。(75) ヴァイスコップも後にアメリカに渡り、マンハッタン計画に参加した。「憂慮する科学者同盟」の創始者の一人でもあり、核拡散に反対した。

シラードは、ダーレムのカイザー・ヴィルヘルム協会にオフィスを持ってはいなかった。だが、歩き回って研究者と議論したり実験について助言したりしていた。彼にはドイツ語で、Generaldirektorというあだ名が付いた。英語の「ジェネラル・ディレクター」に相当するが、どこにでもくちばしを突っ込むことを周囲が面白おかしく言ったものだ。シラードはダーレムで、親しくしているポランニー夫妻や、マルク夫妻の家にしばしば食事に立ち寄った。ポランニーやマルクとは、運動がだめなシラードが何とテニスも楽しんだという。(76)

ポランニーは、姉ラウラ・シュトリッケルの娘エーヴァ・シュトリッケルをシラードに引き合わせている。一九二七年、陶芸の仕事でハンブルクに向かうエーヴァは、叔父ポランニーの下に立ち寄った。そのときに「トレンチコートの若い男性」が、自分の妹の「ロージーがハンブルクにいる」といろいろアドバイスした。それがシラードだった。

エーヴァは一九三〇年にベルリンに移住し、工業デザイナーとなる。彼女の大きく明るいスタジオ

ロマネスク・カフェ［クラウス・ティーレ＝ドールマン『ヨーロッパのカフェ文化』大修館書店、2000年、p.183より］

は、祖母セシル・ママのサロン同様、作家、芸術家の集うところとなった。エーヴァも快活で魅力的な女性だったのだ。叔父のポランニーや、幼なじみで一時は恋人のアーサー・ケストラーをはじめ、有力な科学者たちも集まった。シラード、シュレディンガー、ランダウといった顔ぶれである。エーヴァが数年後に結婚することになる共産主義者のアレクサンダー・ヴァイスベルク（一九〇一～六四、Alexander Weißberg）もいた。また、エーヴァが一九三八年に再婚する法律家ハンス・ザイセルを彼女に引き合わせたのは、ザイセルの友人シラードだった。

エーヴァのスタジオは、ベルリン中央部のタウエンツィーン通りに面しており、ロマネスク・カフェ（Romanisches Café）の五軒隣にあった[77]。ハンガリーの科学者たちは、このカフェにも姿を現した[78]。シラードの下宿はここからもエーヴァのスタジオからも近かった[79]。目抜き通りクーダム（正式にはKurfürstendamm）とカイザー・ヴィルヘルム記念教会に接する広場にあるこのカフェは、作家、芸術家やジャーナリストなどが集う場であった。欧州のカフェ文化の一つの中心であり、ヴァイマール期ベルリンの重要な場所だった。

ロマネスク・カフェは戦争で破壊されたが、隣接していたカイザー・ヴィルヘルム記念教会は、第二次世界大戦の悲惨さを伝えるために、破壊された姿でベルリン動物園駅の前に現存している。

（1）Szanton (1992), p. 76.
（2）*Ibid.*, p. 28.
（3）*Ibid.*, p. 18.
（4）*Ibid.*, p. 12.
（5）*Ibid.*, p. 23 & 27.
（6）定数条項により、工科大学のユダヤ人は直前の三七パーセントから六パーセントに制限されていた。ウィグナーが入学できたのは才能のためか、キリスト教に改宗したためかもしれない。
（7）Szanton (1992), p. 62.
（8）*Ibid.*, p. 59.
（9）*Ibid.*, pp. 63-4.
（10）*Ibid.*, pp. 66-8.
（11）*Ibid.*, pp. 68-70.
（12）Nye (2011), p. 50.
（13）Scott & Moleski (2005), p. 85.
（14）Szanton (1992), pp. 70-1.
（15）Nye (2000), p. 373.
（16）Szanton (1992), p. 76. ウィグナーは、影響を受けた人物としてギムナジウムの教師ラーツの名前も挙げている。
（17）Szanton (1992), p. 81.
（18）*Ibid.*, p. 76.
（19）*Ibid.*, p. 35.
（20）*Ibid.*, pp. 80-1; Scott & Moleski (2005), p. 98.

（21）Szanton (1992), p. 76.
（22）*Ibid.*, pp. 77–8.
（23）Hodgkin & Wigner (1977), p. 415. 二六年一二月にはベルリン工科大学員外教授（Scott & Moleski, 2005, p. 91 & 104）。
（24）マルクス（二〇〇一年）、七一〜三ページ、Szanton (1992), p. 80; Scott & Moleski (2005), pp. 98–9.
（25）Nye (2011), p. 117.
（26）Szanton (1992), pp. 101–2.
（27）マルクス（二〇〇一年）、七二ページ、Szanton (1992), p. 105.
（28）*Ibid.*, pp. 105ff.
（29）Nye (2011), p. 19.
（30）Marx (1994), p. 188.
（31）ボルン（一九七三年）、二五〜六ページ。
（32）Nye (2011), p. 51.
（33）宮田（二〇〇七年）、一五六ページ。
（34）バイエルヘン（一九八〇年）、一一ページ。着任講演の様子については、玉蟲（一九七八年）、六二ページ。
（35）Scott & Moleski (2005), pp. 84–5.
（36）Nye (2011), p. 50 など。
（37）シラードは、これとは違って、自分がウィグナーと会ったのは実験の授業だと証言している。シラード（一九八二年）、一九二ページ。
（38）Szanton (1992), p. 93.
（39）Lanouette (1994), pp. 8–9.

（40）*Ibid.*, p. 21.
（41）*Ibid.*, p. 20.
（42）*Ibid.*, p. 13.
（43）*Ibid.*, p. 15.
（44）シラード（一九八二年）、二ページ。
（45）Lanouette (1994), pp. 18–25.
（46）*Ibid.*, p. 26.
（47）ウィグナーは回想で、シラードはミンタ・ギムナジウムの卒業生と言っている（Szanton, 1992, p. 45）が、記憶違いである。
（48）Lanouette (1994), p. 34.
（49）マルクス（二〇〇一年）、四七〜八ページ。
（50）Lanouette (1994), p. 38.
（51）シラード（一九八二年）、五ページ。
（52）Lanouette (1994), pp. 44–6.
（53）Nye (2011), p. 17.
（54）Lanouette (1994), pp. 52–5.
（55）*Ibid.*, p. 56.
（56）*Ibid.*, p. 81.
（57）シラード（一九八二年）、九ページ。
（58）Lanouette (1994), p. 57 & note 7.
（59）ウィグナーのシラードに関する思い出についてはSzanton (1992), pp. 94–9.
（60）ノイマンは、ベルリン大学で化学の講義を聴講していた。二三年にスイス連邦工科大学に入学するのに必要なので形式的に聴講していたという。マクレイ（一九九八年）、八九〜九〇ページ。

(61) Lanouette (1994), p. 59.

(62) シラード（一九八二年）、一一～二ページ、Lanouette (1994), pp. 58–60.

(63) シラード（一九八二年）、一二ページ。

(64) Frank (2009), p. 253; Nye (2011), p. 18. Lanouette (1994), p. 64 は論文を二六年とする。

(65) Frank (2009), p. 254; Nye (2011), p. 18.

(66) Lanouette (1994), p. 82.

(67) *Ibid.*, pp. 83–4. G・ダネン「アインシュタインとシラードの冷蔵庫」『日経サイエンス』、一九九七年四月号、一一四～二二ページ。

(68) シラード（一九八二年）、一四ページ、Lanouette (1994), p. 83.

(69) Frank (2009), p. 133; Lanouette (1994), p. 88.

(70) *Ibid.*, p. 77.

(71) 栗本（一九八二年）、一一九ページ。

(72) Nye (2011), p. 18.

(73) Szanton (1992), p. 99.

(74) Lanouette (1994), p. 92.

(75) *Ibid.*, p. 74.

(76) *Ibid.*, pp. 77–8.

(77) *Ibid.*, pp. 78–9.

(78) Nye (2011), p. 19

(79) Lanouette (1994), p. 93.

第八章　ハーバー研の解散

経済学の勉強会

マイケル・ポランニーは、一九三〇年代初めに経済学の勉強会を開始した。会場は、ハルナック・ハウスという、カイザー・ヴィルヘルム協会の研究交流館だった。この建物は、ベルリン大学神学部教授で協会の初代会長アドルフ・フォン・ハルナック（一八五一〜一九三〇、Adolf von Harnack）の七八歳の誕生日に捧げられたものだ。会議室、図書室、そしてテラスと庭などがあった。平日の昼にはランチが提供され、協会の公式メンバーは夕食を取ったり会合を持つこともできた。テニスコート、ジム、シャワールームも設置されていて、スポーツを楽しむことができる。ポランニーがシラードやマルクらとテニスを楽しんだのはここであっただろうし、オットー・ハーンもポランニーとスポーツを楽しんだという。一九年に始まったハーバーのコロキウムも、二九年にハルナック・ハウスが完成すると会場をここに移した。(1)

マイケル・ポランニーは、ハルナック・ハウスでの研究会に先立つ二八年から、ヤコブ・マルシャック（一八九八〜一九七七、Jacob Marschak）の経済学の研究会に参加していた。キエフ生まれのマルシャックは、一九年にベルリンにやってきたメンシェビキの経済学者で、計量経済学を専門としていた。彼はいわゆる「経済計算論争」で、独占資本主義下よりも社会主義の方が価格決定メカニズムはうまく機能すると主張していた。参加者たちは、ソ連で何が起こっているのか理解しようとしていた(2)。

この二年後にマイケル・ポランニーが始めた経済学の研究会には、ハンガリー人仲間のシラード、ノイマン、ウィグナー、さらにポランニーの吸着理論の困難に解決を与えたドイツ人物理学者フリッツ・ロンドン、経済学関係では前述のマルシャック、ウィーン生まれのグスタフ・シュトルパー（一八八八〜一九四七、Gustav Stolper）が常連として加わっていた。

シュトルパーは『ドイツ・エコノミスト（*Der deutsche Volkswirt*）』誌を創刊した人物で、ベルリンに来る前のウィーン時代にはマイケルの兄カール・ポランニーらと『オーストリア・エコノミスト（*Der Österreichische Volkswirt*）』誌の編集に携わっていた。マイケル・ポランニーが初めて経済学の論文を寄稿したのは、『ドイツ・エコノミスト』誌だった。

ポランニーの経済学の研究会は、日曜日の午後七時から短い夕食を取った後で開催された。初回の研究会では、アメリカ経済を扱った。二回目には、一九二八年にスターリンが着手した五カ年計画について、シュトルパーの妻トニーが話題を提供した。この時にはフリッツ・ハーバーが出席し、ポランニーのソ連の友人ヨッフェも参加したという。研究会は、三一年中頃まで一〇回ほど開催されたようだ(3)。

記録が残っている研究会は最初の二回だけなので、議論の方向性ははっきりしない。ポランニーが公然とソ連批判を始めるのは、三五年春に会議でモスクワを訪問してからである。その後ソ連の最初の二つの五カ年計画のデータを詳細に分析し、中央での計画の恣意性を指弾するのだ[4]。だが、三〇年初頭の段階で明確に同様の立場を取っていたと予断するのは危険だろう。

第一次大戦で封建的なオーストリア＝ハンガリー帝国が崩壊し、二三年にはドイツをハイパーインフレが襲った。ポランニーはヨッフェの招きで一九二八年に初めてソビエトを訪問した。そのときにソ連の経済がうまく機能していないのを目にしている[5]。だが、二九年一〇月に今度はアメリカで株価の大暴落が起こった。革命後のロシア経済や資本主義経済の動向も見据えながら、どのような経済システムが好ましいのか模索されている時代だったのだ。

シラードがポランニーの経済学の研究会に参加したことは、一〇年ほど経って意外な結果を生む。原爆開発へのつながりである。これについては、第一一章まで置いておこう。

シラードの先見性

ポランニーの研究会が始まったころ、シラードは近々ドイツでは悪いことが起こると結論した。そのきっかけは、前年二九年二月のドイツ帝国銀行総裁の発言だった。総裁ヒャルマル・シャハト（一八七七～一九七〇、Hjalmar Schacht）は、パリでの会合で、ドイツが旧植民地を回復しなければ第一次世界大戦の賠償金を払うことはできないと述べたのだ。この衝撃的な声明を聞いてシラードは、預金をドイツからスイスに移した[6]。

事態の進展は急速で、三〇年九月の国会選挙でナチス党は一二議席から一〇七議席に躍進した。七七に議席を増やした共産党をはるかに凌いで、社会民主党に次ぐ第二の政党となった。経済恐慌の深刻化がその背景にあったのは言うまでもない。ついに三二年七月、ナチス党は二三〇議席を占め、議会第一党に上り詰める。シャハトは、ナチスの政権でも帝国銀行総裁などとして手腕を振るった。

一九三三年の新年の週に、シラードはマイケル・ポランニーを訪問し、ヒトラーが政権を取るだろうから、ドイツを離れた方がよいと勧めた。しかしポランニーは、大方の人々と同じく楽観的な見方をしていた。文明国民であるドイツ人は、本当に野蛮な出来事には味方しないだろうというのだ。シラードの見解は逆だった。実利主義的なドイツ人は、何か利益がなければ事が起こってもあえて反対したりはしないというのが彼の観察だった。

シラードの予測は当たり、翌三三年一月三〇日、ヒトラーは首相の座を手に入れた。シラードは二月初めにブダペストに行き、親族や友人に欧州を離れるべきだと説いた。だが誰も彼の言うことを聞こうとしなかった。楽観的なのは、ドイツ人に限らなかったのだ。[7] 三週間後にベルリンに戻ったシラードは、二つのスーツケースに荷物を詰め込み、情勢が悪化したら鍵を閉めて立ち去るだけで済むようにした。前年から彼は、ポランニーの紹介で、ハルナック・ハウスを住居にしていた。[8]

二月二七日、国会議事堂放火事件が起こった。ヒトラー政権はこれを共産主義者の仕業として広範な政治弾圧を始めた。シラードは再びポランニーに会って、放火事件がナチスの自作自演という彼の理解を話した。ポランニーは「君は内務大臣がこの件に何か関係していると考えていると本当に言いたいのか」と信じがたいという目で見つめた。

すぐ後で述べるように、ポランニーにはすでにイギリスから招聘がかかっていた。それを知っていたシラードは、ポランニーにマンチェスターに行くべきだと勧めたが、ポランニーは言うことを聞かなかった。ポランニーは、マンチェスターに移れば、研究室を立ち上げるだけでも一年間はかかると抗弁した。シラードは、ではベルリンではいつまで創造的なことができるのかと反論したが、無駄だった。[9]

ナチス政権への全権委任法が成立した一週間後の一九三三年三月三〇日木曜日、シラードはスーツケースの鍵を閉めて、宿舎のハルナック・ハウスを去った。[10] そして、ベルリンのアンハルター駅[11]でウィーン行きの片道切符を買う。念のため一等寝台の切符にした。そのおかげで、ドイツからチェコへの国境通過の審査は丁寧だった。

この日の列車はがら空きだった。ところが翌日は超満員となった。ナチス政権の反ユダヤ人活動がいよいよ始まったのだ。乗客は国境で降ろされて一人一人尋問され、連れ戻されたり所持品を没収されたりした。[12] シラードは自らのこの体験を踏まえて「この世において成功したければ、他人よりそんなに賢い必要はない。ただ大抵の人より一日早ければよい」と述べている。[13]

マンチェスターに向かうマイケル・ポランニー

ハンガリーの歴史家ティボル・フランク（一九四八〜二〇二二、Tibor Frank）は、二つの世界大戦間のハンガリー人の海外流出を分析した二〇〇九年の著書を『ダブル・エグザイル（*Double Exile*）』と題している。科学者を主題とする本書の執筆にもとても参考になった本である。ハンガリーのユダヤ人のかなりの数がヒトラーを逃れてアメリカに渡るが、その前にまずドイツで仕事をすることが多かった。だから確かに二重の「エグザイル」である。ただ、英語の「エグザイル（エクサイル）」のニュアンスは微妙で、仮にこれを亡命と解すると誤解を与えかねない。何よりも最初のドイツ行きは自発的なのが普通だった。二回目のエグザイルはどうだろうか。先見の明のあるシラードは自らドイツを去っている。そして、ポランニーはマンチェスター大学からの招聘を受けてイギリスに渡るのである。

実は早くも三〇年代に入って、ポランニーには海外から複数の引きが来ていた。三一年の秋、ソ連のニコライ・セメノフという人物から、ポランニーの友人ヨッフェのレニングラードの研究所の職への誘いがあった。ポランニーは断ったが、年に二回数週間訪問することを示唆した(14)。

もう一つは、一九三二年三月のマンチェスター大学からの招聘である。マンチェスター大学は、一九世紀初頭に原子論を唱えた化学者ドルトンが活躍した場所である。二〇世紀に入ると、アーネスト・ラザフォード（一八七一〜一九三七、Ernest Rutherford）が一九一九年までマンチェスター大学で物理学科を担当していた。彼の下には、ガイガー、ボーア、ヘヴェシー、さらにポランニーの友人ファヤンスらが集まった。ラザフォードの後任は、X線結晶学のウィリアム・ローレンス・ブラッグ（一八九〇〜一九七一、William Lawrence Bragg）だった。マンチェスター大学は、オクスフォードやケンブリッジほどの伝統はないが、すでに物理や化学の研究にも実績のある新興の「赤れんが大学」だった(15)。

マンチェスター大学が化学の教授の人選を始めたのは、ロバート・ロビンソン（一八八六〜一九七五、Robert Robinson）がロンドン大学を経てオクスフォード大学に転出したことによる。ロビンソンは、アルカロイドの研究で後にノーベル化学賞を受賞する。彼の後任として、最初触媒研究者ヒュー・テイラー（一八九〇〜一九七四、Hugh Taylor）に白羽の矢が立った。テイラーはイギリス人だったが、当時アメリカのプリンストン大学で働いていた。彼は、健康上の理由から帰国を断った。

ポランニーの名前が挙がったのは、一九三一年にロンドンのキングス・カレッジで講義を行ったことも影響したと思われる。ポランニーについて照会を受けたのは、なんと彼の元助手のヘルマン・マルクだった。マルクは、当然のごとく彼を推薦した。特に影響力が強かったと思われるのは、一九一五年にノーベル賞を受賞したヴィルシュテッターの推薦である。彼はハーバーの友人であり、カイザー・ヴィルヘルム協会の初期の重要人物だった。ヴィルシュテッターは、ポランニーは創造性やオリジナリティーに優れ、人格も好ましいと書き送った。

これらを踏まえて、マンチェスター大学の化学の長老アーサー・ラップワース（一八七二〜一九四一、Arthur Lapworth）が、三月一日にポランニーに打診の手紙を送った。そこに提示された年収は一五〇〇ポンド。英国の通常の給与の二倍だった。ポランニーはベルリンを離れることに抵抗があったが、五月初旬にとりあえずマンチェスターを訪問すると返事した。オランダに行く予定があったので、そのついでである。気分の良い訪問ではあったが、街にはスモッグが掛かっていた。

マンチェスターでポランニーが切り出した条件は、先方を驚かせた。二万ポンドから二万五〇〇〇ポンドに相当する実験施設を新設すること、当座の資金として一万ポンドと、八から一〇名の研究者を助手として迎え毎年一〇〇〇ポンドを支払って欲しいというものだ。マンチェスター大学はこれを検討したが、それならばイギリス人化学者を当たってみてはどうかという意見が出た。

だが一一月に、もう一度ポランニーをマンチェスターに招待することになった。助手以外は約束するとの知らせだった。ロビンソンが、マンチェスターの化学を蘇生させるためには、たとえ外国人でもポランニーが必要だと強く主張したのだ。ポランニーに対する評価は、かくも高いものだった。だが帰国後の一月一三日、ポランニーは、健康上転任は難しいという手紙を送った。マンチェスターを訪問した後、リウマチが悪化したというのだ。そこでこの話は流れてしまった。[16]

この間のドイツの政治状況の悪化は急激だった。マンチェスターへの最初の訪問に先だってポランニーは、カイザー・ヴィルヘルム協会の上層部から、フィリップ・レーナルトやヨハンネス・シュタルクが万一協会の会長になったら外国人やユダヤ人は危ないという警告を受けていた。彼らは「アーリア物理学」を唱える強烈な反ユダヤ主義者で知られている物理学者だった。マンチェスターから帰国後の六月、ハーバーも研究所自体が危機だから招聘を受けるべきだとポランニーを諭した。[17]

三二年一一月の選挙でナチス党の議席が一時減少したことは、ポランニーに希望を抱かせた。そこで断る口実にリウマチを持ち出したのである。シラードはポランニーに、むしろ細君が反対しているという理由にすべきだと助言していた。奥さんはいつでも意見を変えることができるというのだ。[18]

三三年一月にナチス党が政権を取り、二月に国会議事堂放火事件が起こると状況は極端に悪化した。四月七日、職業官吏再建法による公職からのユダヤ人排除が始まった。ナチス党員すら予測できない性急さだった。[19] 四月半ば、ハーバーは文部省から現在の組織では彼の研究所を再開できないとの通知を受けた。ハーバーは、フロイントリッヒとポランニーの辞表をとりまとめて提出した。ただし、五ヶ月間の猶予を申し出た。第一次大戦に従軍し、職業官吏再建法の適用外であるハーバー自身も、文部大臣に辞表を提出した。実は、ポランニーはドイツ人ではなかったので、彼も職業官吏再建法の適用外だったはずである。[20] だが、研究費の多くを国から得ていたし、[21] 政治状況も好ましくはなかった。

　三三年七月中旬、カイザー・ヴィルヘルム協会の運営会議で研究所からの退職者について最終的な報告がなされた。[22] 写真は、この月に撮影されたハーバーの研究所の解散の記念写真である。フロイントリッヒ、ハーバーらが並び、ポランニーの後ろには日本人の堀内寿郎の姿も見える。かつて初対面でいきなりポランニーをこき下ろした堀内ではあったが、彼の能力を評価していたポランニーは、研究所を去る八月までの間、堀内をベルリンの手元に置いてイギリスに同行させた。[23]

ハーバー研の解散［写真提供：Archives of the Max Planck Society, Berlin］

　フロイントリッヒはイギリス経由でアメリカに渡る。終戦を見ることなく、そこで四一年に亡くなっている。ハーバーはパリ、ケンブリッジなどを転々とし、翌年三四年一月末スイスのバーゼルで客死する。運命の逃避行の始まりとも言える記録写真である。
　彼らに比べるとポランニーは幸運だった。四月末に、マンチェスターから再度声がかかりそうだという話が聞こえてきた。[24] ロビンソンの後任は決まってしまったのだが、再び別の人事が起こったのだ。五月、招聘の手紙が再びマンチェスターから送られてきた。提示された給与は最大で一二五〇ポンド、実験室の新設は数年間は難しいという。ポランニーは前回提示した条

マンチェスターのポランニー［Scott & Moleski (2005) p.130ff より］

件を蒸し返したが、受け入れられなかった。

三三年の秋、彼は妥協してマンチェスターに着任した。ハンガリー出身のA・サボー、ドイツ出身のロッテ・ヴェルナー、堀内寿郎のわずか三名の研究者を伴った転任である。ベルリンの実験室をマンチェスターに移すのは容易ではなかった。実験機器の移動のために、機械工のマルティン・シュマルツも二年間マンチェスターに滞在した[25]。

ベルリンのポランニー研には、シュマルツの他にハウシルドというガラス工がいた。児玉信次郎がポランニーの所に留学した一九三〇年には、さらにハルテルという有給助手もいた[26]。ドイツでは、機械工やガラス工のような実験助手には専門の学校があって、教授が実験装置の略図を示すだけで試運転までやってくれたという。イギリスの制度はこの点お粗末で、ポランニーが移籍をためらったのもやむを得ないと堀内は言う。こうした条件下で、希薄炎のような高度な実験研究を継続することは難しくなった[27]。

ポランニーのマンチェスターへの転任については、シラードも連絡の仲介など側面援助をしていたようだ[28]。だがシラードは、マンチェスター大学のある教授がポランニーへの皮肉を言うのを耳にしている。ポランニーは以前にリウマチにかかるという理由で断ったが、ヒトラーは彼のリウマチを治したらしいというものだ[29]。

ポテンシャル曲面の理論　ベルリンでの最後の研究

ポランニーがほぼ最後にベルリンで行ったと思われるのが、アイリングとの共同研究である。量子力学を使って、化学反応の詳しいメカニズムを解明するのに本格的に着手したのだ。なお、以下の記述はかなり専門的なので、読むのにつらいという読者は章末まで軽く読み飛ばしていただいてもかまわない。

メキシコ生まれのヘンリー・アイリング（一九〇一〜八一、Henry Eyring　後にアメリカに帰化）は、アリゾナ大学で鉱山学と冶金学を学び、一九二七年、カリフォルニア大学バークレー校で化学の博士号を取得した。ドイツ留学組ではなく、アメリカの大学で博士号をとったという新しい世代である。ナイロンを発明したウォーレス・カロザースもほぼ同世代で、米国の科学の自立は、化学の分野から始まったといえよう。

だがそのアイリングも、ウィスコンシン大学でポスドク（博士研究員）をしている際に、ベルリンに行ってみるように勧められた。ウィスコンシン大学を訪問したソビエトの化学者からは、ベルリンにマイケル・ポランニーという「傑出した化学者」がいると耳にしたのだ。全米研究評議会（NRC）の奨学金を取得したアイリングは、一九二九年八月から一年間、ポランニーのところにやってきた。[30]

ポランニーのアイディアに始まる彼らの研究の成果[31]は、さっそく一九三〇年に短い共著論文として発表され、翌年には詳細版として刊行された。[32]

これは、以下に示すような化学反応が起こるときに、どのようなポテンシャル・エネルギーの変化が起こるかを量子力学的に計算するものだった。[33] ここではあまり詳しく立ち入らないが、下記の式のorthoとparaは、分子を構成する水素原子の二つの陽子のスピンの方向を示すものである。前者ではスピンの方向が同じ、後者では逆向きである。ポランニーの親しい同僚のカール・ボンヘッファー（一八九九～一九五七、Karl Bonhoeffer、神学者ボンヘッファーの兄）は、助手のパウル・ハルテック（一九〇二～八五、Paul Harteck）と共にparaとorthoの水素の分離に一九二九年に成功し、転換の可能性を示した。[34] この反応は、ハーバーの研究所のボンヘッファーの弟子でハンガリー人のアダルベルト・ファルカス（一九〇六～九五、Adalbert Farkas）が研究したもので、水素の分子に単独の水素の原子が衝突して組み替えが生じている。[35] 反応式に書けば、以下のようになる。

$$H_2(para)+H \rightarrow H_2(ortho)+H$$

図は、反応途中のポテンシャル・エネルギーを計算して図示したものだ。反応のポテンシャル曲面と呼ばれるものである。原論文にはないが、ここでは三つの水素原子にabcという符号をつけて区別している。直線的に衝突する水素原子と、衝突される水素分子の間の距離が横軸r_1である。他方で、縦軸r_2は衝突される水素分子を構成する水素原子同士の距離を示している。反応は、r_1が徐々に小さくなり、衝突してr_2が大きくなるというプロセスをたどる。この図から分かるように、ポテンシャル・エネルギーは、縦軸と横軸に沿って溝状のへこみができている。そのため、反応は図中のへこみの部分に描かれた矢印に沿って右端から始まり、途中で曲がって上に進む。曲がる部分が反応の中で一番エネルギーが高いところで、これが活性化エネルギーの大きさを示す。厳密に計算すると、ちょうど曲がる部分にエネルギーの小さなへこみ（鞍点）がある。この付近にある反応系は、活性錯合体と呼ばれる。

　これを発展させたのが遷移状態法の理論と呼ばれるものに相当し、化学反応の速度の計算を量子力学的にすることが可能になる。一年の滞在後アメリカに帰国したアイリングは、理論を四原子のハロゲンの反応に拡張し、一九三一年に英語で発表した。絶対反応速度論（速度過程の理論）と言われるものの始まりである。

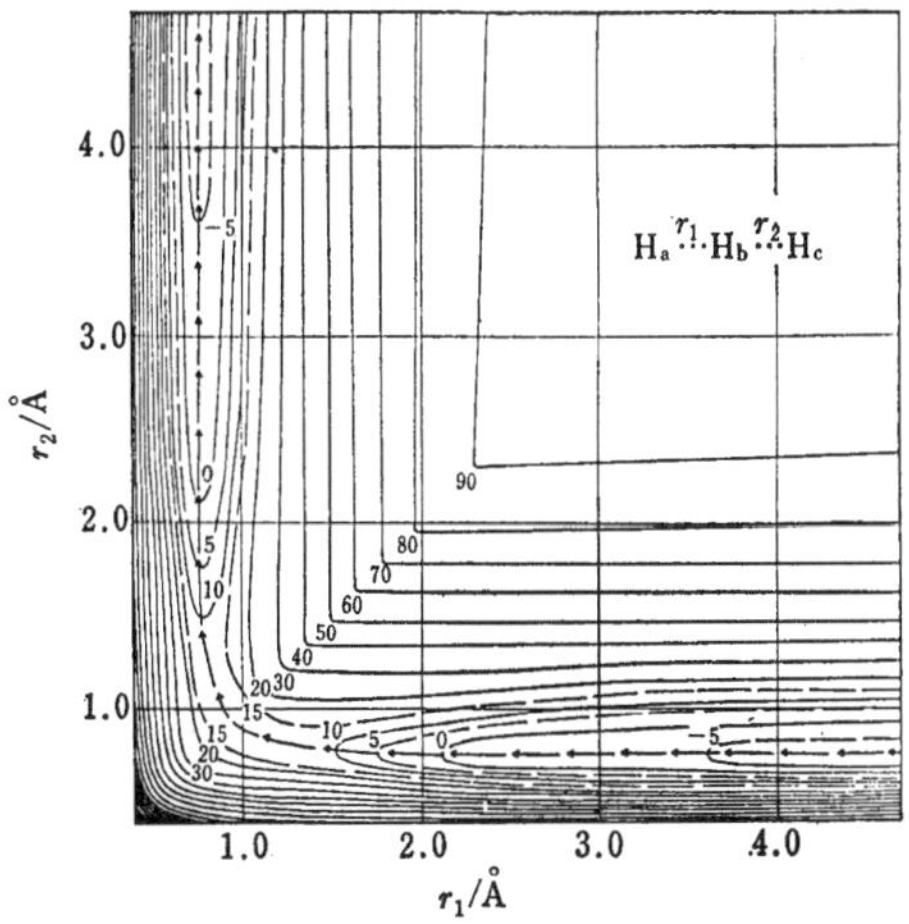

ポテンシャル曲面［『化学教育』第 28 巻第 4 号、p.38 より］

　アイリングは、一九三二年からプリンストン大学に勤める。そこにはドイツでポランニーから博士号を得たウィグナーも移籍して、プリンストン大学は遷移状態理論の研究拠点となる[36]。一九三〇年代のここでの授業は、物理がウィグナー、化学のアイリング、ノイマンの理論物理、ウィグナーとワイルの群論、客員ディラックの量子力学と豪華なものだった[37]。

　他方のポランニーは、この研究着手後の一九三三年にドイツを去ってマンチェスター大学で研究を続ける。

重要な協力者の英国人メレディス・エヴァンス（一九〇四〜五二、Meredith Evans）は、プリンストン大学でアイリングについた後、マンチェスター大学に戻ってくる。[38]

ポランニーとアイリングの協力関係は、三〇年代後半にも続く。一九三七年九月、マンチェスター大学で開催されたファラデー学会で、彼らの反応ポテンシャル曲面についての発表が行われた。[39]これに対して、彼らの近似が妥当ではないという批判が行われた。すでにマンチェスター大学に移籍していたポランニーは、なるほど我々の計算は大胆な前提に基づく近似であるが、これは新たな方向性を示すものであると堂々と弁護するのだ。

（1）Nye (2011), pp. 64–5.
（2）Lanouette (1994), p. 154.
（3）*Ibid.*, pp. 154–6; Scott & Moleski (2005), pp. 121–2.
（4）Nye (2011), p. 158.
（5）*Ibid.*, pp. 153–4
（6）シラード（一九八二年）、一五ページ、Lanouette (2005), p. 97.
（7）*Ibid.*, p. 112.
（8）*Ibid.*, p. 110.
（9）シラード（一九八二年）、一六ページ。
（10）シラードは国会議事堂放火事件の直後と述べているが、時間的に合わないので全権委任法成立の直後と解釈した。

（11）かつてベルリンに存在したチェコ、オーストリア方面へのターミナル。第二次世界大戦で破壊された。
（12）Lanouette (1994), pp. 115–6.
（13）シラード（一九八二年）、一七ページ。
（14）Scott & Moleski (2005), p. 134.
（15）Nye (2011), pp. 130–1.
（16）*Ibid.*, pp. 68–73 & 131.
（17）*Ibid.*, pp. 70–1.
（18）*Ibid.*, p. 72、シラード（一九八二年）、一六ページ。
（19）バイエルヘン（一九八〇年）、一八ページ。
（20）一九三五年の法律によると祖父母の一人がユダヤ人なら非アーリア人となる。なお、従軍者例外規定は三五年に廃止された。Nye (2011), p. 20 & 74.
（21）*Ibid.*, p. 57 によれば半分。
（22）*Ibid.*, p. 79.
（23）堀内（一九七二年）、五三ページ。
（24）Nye (2011), p. 79.
（25）*Ibid.*, pp. 131–2、堀内（一九七二年）、六一ページ。
（26）大塚他（一九八七年）、二三三、二五八ページ。
（27）堀内（一九七二年）、五一ページ。
（28）Nye (2011), p. 79, n. 160.
（29）シラード（一九八二年）、一七ページ、Lanouette (1994), p. 119.
（30）Nye (2011), pp. 117–8.
（31）大塚他（一九八七年）、一九三ページ。

（32）アイリングは、フォローアップの論文をアメリカ化学会のシンポジウムの発表後に出版した。Nye によれば、彼らの仕事はボルン＝オッペンハイマー近似を用いている。Nye (2011), p. 120.
（33）ハイトラーとロンドンの方法による。*Ibid.*, p. 123.
（34）Scott & Moleski (2005), p. 112 & 123; Nye (2011), p. 119 & 121.
（35）*Ibid.*, p. 119 & 123.
（36）大塚他（一九八七年）、一九七ページ以下。
（37）Nye (2011), p. 118.
（38）『化学の原典6　化学反応論』、一〇七ページ。
（39）『化学の原典6　化学反応論』、一〇八〜九ページ、Nye (2011), p. 128. これに対して、大塚他（一九八七年）、一五三ページ以下は、一九三八年のロンドンでのイギリス化学会とする。

第九章　社会主義との「闘い」　ポランニー対バナール

ポランニーは一九三三年九月、妻マグダ、一一歳のジョージ、四歳のジョンとマンチェスターに到着した。その後の生涯を送るこの地で、ポランニーは「科学の計画化」や「社会のための科学」を唱える英国の科学者グループと対立することになる。その代表は、卓越したX線結晶学者ジョン・デスモンド・バナール（一九〇一～七一、John Desmond Bernal）、そして宇宙線の研究や陽電子の存在を裏づけたことで四八年にノーベル賞を受賞するパトリック・ブラケット（一八九七～一九七四、Patrick Blackett）らのマルクス主義者だった。三九年にバナールが出版する『科学の社会的機能（*The Social Function of Science*）』は、ポランニーの批判の焦点となる。自由主義を標榜するポランニーは、「科学の自由協会（Society for Freedom in Science）」を組織して対抗する。それは、意外な結末に行き着く。

ゲッセン論文の衝撃

イギリスにおける左翼的な科学者運動は、二〇世紀初頭にさかのぼる。一九一八年、ウェルズやソディーらが、国家科学労働者組合（National Union of Scientific Workers）を創設した。一時弱体化したが、二七年に科学労働者協会（Association of Scientific Workers）として再出発する。メンバーは、バナール、J・B・S・ホールデン、ジュリアン・ハクスレー、ウィリアム・ブラッグなどである。(1) この他にも、インペリアル・カレッジの数学者ハイマン・レヴィ（一八八九〜一九七五、Hyman Levy）のように、労働党の科学諮問委員会委員長（一九二四〜三〇年）を務めた社会主義者もいた。(2)

彼らに特に強い影響を与えたのは、一九三一年のボリス・ゲッセン（一八九三〜一九三六、Boris Hessen、英語読みでヘッセンとも）の論文だった。この年の六月末から七月初めにかけて、ロンドンで第二回国際科学史技術史会議が開催された。この会合にソ連は、ロシア革命の重鎮ニコライ・ブハーリン（一八八八〜一九三八、Nikolai Bukharin）を団長とする八名の代表団を送った。

その一人でポランニーの親しい友人ヨッフェの弟子である物理学者のゲッセン(3)は、最終日七月四日に、「ニュートン『プリンキピア』の社会経済的基礎」という論文を発表した。この論文では冒頭で天才史観が批判され、ニュートンの科学上の業績が彼の時代の社会や経済の状況に基礎づけられた。(4)

革命後のロシアからの最初の代表団による、マルクス主義に基づくこの発表は、それまでイギリスの左翼的科学者が漠然と考えていた思想を結晶化した。レヴィはそれまでの科学史の著作が不十分であると感じ、生物学者のランスロット・ホグベン（一八九五〜一九七五、Lancelot Hogben）は、イギリスの科学と社会の間にどのような問題があるのかの認識を新たにした。ジョゼフ・ニーダム（一九〇〇〜九五、Joseph Needham）がマルクス主義に「改宗」したのも、この論文によるという。(5)

物理学者のブラケットは科学史に興味を持ち、ゲッセンに強い影響を受けた内容の科学史の講義を三六年から始めた[6]。ホグベンの『百万人の数学』（一九三六年）や『市民の科学』（一九三八年）といった科学啓蒙書も、ゲッセンの影響を受けていると考えられよう。彼らはソ連の代表団の発表から、科学を社会の中で役立てるには、資本主義の枠組みの中では不可能だというメッセージを受け取ったのだ[7]。

ほぼ同じ時期に、「マンチェスター・ガーディアン」紙（後の「ガーディアン」紙）の科学記者ジェームズ・クラウザー（一八九九〜一九八三、James Crowther）も、社会の産物としての科学という観点からの著書をいくつか著している。『一九世紀英国の科学者（*British Scientists of the Nineteenth Century*）』（一九三五年）や、『アメリカの著名な科学者（*Famous American Men of Science*）』（一九三七年）といったものだ[8]。

これに先立ってクラウザーは二九年に最初のソ連訪問をし、ニコライ・ヴァヴィロフ（一八八七〜一九四三、Nikolai Vavilov）、アブラム・ヨッフェ、ピョートル・カピッツァ（一八九四〜一九八四、Pyotr Kapitsa）らに会った。翌年にも訪ソし、帰国すると『ソビエトの科学（*Science in Soviet Russia*）』という著書を書いた[9]。

クラウザーはソ連との架け橋となり、三一年の国際科学史技術史会議でもソ連代表団の案内役を果たした。彼は、ハクスレー兄弟、バナール、ジョン・コッククロフトらのソ連訪問を直後の夏に組織した。翌年ジュリアン・ハクスレーはソ連の科学を持ち上げる本を書いたし、バナールはソ連では科学技術が経済的な支援を受けていると絶賛した[10]。

マイケル・ポランニーが英国に到着したのは、このような沸騰の直後だった。実はポランニーはべルリン時代の三〇年、すなわちイギリスに渡る三年前にクラウザーの訪問を受けたことがあった[11]。しかし、イギリスでの左翼思想の展開について、十分な情報を得ていたとは考えにくい。

一九三一年、マルクス主義数学者レヴィの「科学と変貌する世界」というラジオ番組がBBCで始まった。これが好評だったので、ジュリアン・ハクスレーを加えて「科学研究と社会のニーズ」というプログラムになった。内容は、書籍としても刊行された。その放送の一つでブラケットは、科学が社会的活動であること、科学者は政治と無縁ではいられないことをハクスレーと語り合った。科学は、政府、産業、そして一般大衆からの物質的精神的な支援に依存している。ヒトラー政権の反科学や反知性を見るとき、科学の徳と優位性を明確にしなければならないとブラケットは語った。彼は資本主義的な計画に疑念を示し、社会主義だけが科学を生かして最大の富を生み出すと言う[12]。

科学の社会的機能

このような流れの中で一九三九年に登場したのが、バナールの『科学の社会的機能』(邦訳、坂田昌一他訳、創元社、一九五一年、新装版、勁草書房、八一年)という著作である。ゲッセン流の科学史に始まり、科学の教育、研究組織、予算、科学と戦争、そして科学コミュニケーションと幅広い主題が論じられている。統計なども活用しながら、イギリスの科学研究の全体像を描こうとするものだ。「科学の科学」研究の最初の試みともいえるこの本の内容を体系的に紹介することは本書の目的を超える。ここで重要なのは、バナールが英国という国家の科学の不十分さを指摘した点である。『科学の社会的機能』でバナールは、一九三四年の米国の科学予算を英国の約三倍、ソ連を一〇倍としている。[13] イギリス科学は二九年以降、研究予算面の減少に見舞われていたと思われる。[14] 英国の研究組織の再編、特に政府と産業界の出資に基づく中央の研究助成システムが必要であるとされた。バナールはすでにラジオ放送で、産業のための研究予算の一〇倍化と、英国に新たな科学研究の組織が必要であると訴えていた。[15]

容易に想像できるように、バナールの著書ではソ連の科学のありかたが理想化されていた。予算面だけではなく、科学が統一され、計画化されていることが強調された。ソ連科学アカデミーが第三次五カ年計画（三八年開始）のために策定した一〇〇の重点課題も引用された。その多くは、電力や天然ガスの確保、穀物生産の増大のような社会的課題だった。[16]

ブハーリンとの会話

ジョン・デスモンド・バナール

科学が国家の目的に沿って組織され計画されるという考えは、マイケル・ポランニーには認め難いものだった。ポランニーの政治的な著述は、三九年一月の『科学の社会的機能』の刊行以降増加した。[17] ポランニーにとって科学は社会経済から独立し、科学者が自発的に組織するものでなければならなかった。[18]

ポランニーがいつからそのような考えを抱くようになったのかは正確には分からない。だが、三五年春のソ連訪問が大きく影響したことは間違いないだろう。この年のイースターにポランニー

ニコライ・ブハーリン（1927年）［S・F・コーエン『ブハーリンとボリシェヴィキ革命』未来社、1979年より］

はモスクワでブハーリンに会った。ブハーリンは、「純粋科学は階級社会の病的兆候」であり、社会主義の下では「科学者の関心は目下五カ年計画が抱える諸問題に自発的にふり向けられる」と述べた[19]。研究者個人の自由に基づく、自然科学の自律的な発展が否定されたのである。純粋科学と応用科学の区別もなし崩しとなり、自由主義の中核である科学の価値が損なわれることをポランニーは危惧した[20]。

この訪問でポランニーは、ソ連の経済の実情についてもよりよく知るようになったようだ[21]。三五年の訪問から帰国すると、ソ連経済を批判する論文を書く。ポランニーは、最初の二つの五カ年計画のデータを詳細に検討した。ポランニーはまた、あるソ連の織物工場は、三三年に一九の異なる指導を受けたという[22]。計画は、次々と脈絡なく変更された。これが中央による計画の実態である！　ポランニーの反共主義は深まっていった。

イギリスのマルクス主義者たちのソ連科学に対する評価は、マイケル・ポランニーと正反対である。これを理解するためには、当時のソ連の変化について注意を払っておく必要がある。実は三五年にポランニーを驚愕させたのと同じブハーリンが、三一年四月には純粋科学について真逆の主張をしていたのだ。彼は、社会主義国だけが「科学のための科学」を適切に評価するとの演説を行っていたのである[23]。

エディンバラ大学のP・G・ワースキーによれば、ロシア革命からおよそ二九〜三一年ごろまで、ソ連の科学者は「ブルジョア専門家」ではあるが、革命に貢献した人々と考えられていた。デボーリン派の哲学に守られ、政治的な抑圧はほとんどなかったという。ところが二九年、スターリンの権力が強化されると、ブルジョア科学に対する攻撃がだんだんと激化する。科学アカデミーは官僚機構の一部となり、労働者・農民がエリート科学者の隊列に加えられた。[24]

二九年末、ブハーリンは政治局を追われ、反スターリンの立場を取った彼は三八年、ついに粛正されてしまう。イギリスのマルクス主義者に強い影響を与えた物理学者のゲッセンは、その二年前に銃殺されていた。『科学の社会的機能』でバナールは、ソ連における優れた研究の事例として、ニコライ・ヴァヴィロフの植物栽培研究所を挙げた。[25]そのヴァヴィロフも、四三年に獄死する。ロンドンの国際科学史技術史会議に姿を現したソ連代表団は、このような激変に見舞われる直前の人々だった。

姪エーヴァの悲劇

イギリスのマルクス主義者たちは、このようなソ連の変化に鈍感だった。ポランニーがソ連の状況に敏感だったのは、激変後の三五年にブハーリンを訪問したことがあるだろう。これに加えて、ポランニーの親族がスターリン体制の直接の被害者となったことも大きな要因だと思われる。それは、姉ラウラの娘エーヴァをめぐる事件である。

エーヴァは、一九三二年にベルリンのサロンに出入りしていたポーランド系オーストリア人のアレクサンダー・ヴァイスベルクと結婚した。ベルリン工科大学の助手だったユダヤ人の物理学者ヴァイスベルクは、ウィーン工科大学を卒業し、その年二七年に共産党に入党した。彼は、三一年にソ連のハリコフの物理技術研究所に迎えられていた。エーヴァは、翌年彼を追った。

ブハーリンと面会した三五年の春、ポランニーは姪エーヴァとその夫ヴァイスベルクと会う機会を持った。[26] 彼女は、労働者向けの立派な高層アパートを叔父に見せた。[27] エーヴァの幼なじみアーサー・ケストラーも、三二年から翌年にかけてのソ連訪問で、ヴァイスベルク夫妻を二回訪問している。

三四年、エーヴァは陶器工場のアート・ディレクターとなるために単独でモスクワに移った。エーヴァは、このときはソ連の特許局に勤めていた兄弟ジュラのアパートで暮らした。ジュラはハンガリー革命に関与し、ソ連に逃れていた。三六年、事件はそこで起こった。エーヴァの部屋から拳銃が発見されたのだ。彼女はスターリンを殺そうとするグループのメンバーとされて逮捕された。はるか後に分かったことだが、それはジュラが護身用に所持し、申告を忘れたものだった。エーヴァは、自分のデザインしたティー・カップにハーケンクロイツをこっそりと入れたという嫌疑までかけられた。

エーヴァは偽りの有罪書面に署名させられ、一八ヶ月間を牢獄で過ごした。彼女は自殺を図ったが、幸い女性看守に発見されて命は助かった。母親でマイケル・ポランニーの姉のラウラが駆けずり回り、カピッツァのようなソ連の著名科学者やオーストリアの領事などからの助力を得た。三七年九月エーヴァは解放され、ウィーン行きの列車に乗せられた。

夫のヴァイスベルクもエーヴァを救おうとした。だが、彼自身も三七年三月にハリコフで逮捕された。狩りをしているスターリンを襲おうとしたという嫌疑である。アインシュタインやケストラー、ジョリオ＝キュリーなどがスターリンに手紙を送ったが無力だった。独ソ不可侵条約が結ばれると、三九年九月、ヴァイスベルクはゲシュタポに引き渡された。戦争末期までポーランドの収容所を転々とするが、強制収容所から脱出してポーランドの地下組織に加わった。[28] 彼は、クラコウの生まれだったのだ。このストーリーは、ケストラーの著書『真昼の暗黒』のモデルとなった。ヴァイスベルク（ワイスベルク）の著書『被告』は荒畑寒村によって邦訳され、スターリン体制下の大粛正を日本にも知らせた（邦訳、早川書房、一九五三年）。

この間にエーヴァは、ヴァイスベルクと離婚した。その後、ベルリン時代に彼女のスタジオに出入りしていたハンス・ザイセルというチェコの学者と再婚する。[29] そしてアメリカに渡り、工業デザイナーとして成功する。二一世紀初頭の晩年まで現役だった彼女の作品は、優美な曲線を持つエヴァ・ザイセル（ゼイセル）の陶器として日本でも人気がある。一九八一年、栗本慎一郎氏を自宅に泊めて、家族について詳しいインタビューに応じたのも彼女である。

ソ連のこのような状況に通じたマイケル・ポランニーが、反共主義の立場を強めていくのは当然とも言える。彼はハンガリー人であり、英国とは違ってブダペストはモスクワと地続きなのだ。もっとも、三三年にイギリスに移り住んだ兄のカール・ポランニーは、マルクス主義に同情的な立場から、エーヴァはソ連で正当な法的取り扱いを受けたと考えた。[30] イデオロギーに目を曇らされたのだろうか。

科学の自由協会

マイケル・ポランニーが「科学の自由協会」の設立に向けて動き始めるのは一九四〇年のことである。実はオクスフォード大学の動物学者ジョン・バーカー（一九〇〇〜八四、John Barker）は、ポランニー以上にバナールの『科学の社会的機能』に激怒していた。三九年の「バナール主義への反撃」という記事でバーカーは、バナール主義は人々を食わせるためだけのものに科学研究を貶めており、科学労働者を組織して彼らが何を発見すべきか指示しようとしていると非難した。科学のための科学は、クロスワード・パズルを解くほどの価値しかないとされているという。

一九四〇年の初め、バーカーの提唱により四九名の科学者が「科学の自由協会」発足のためにオクスフォードに集まった。ケンブリッジのアーサー・タンズリー(一八七一〜一九五五、Arthur Tansley)も有力なメンバーの一人だった。彼は、生態系の概念を提唱したことで知られる生物学者である。一九四六年に、協会の会員は最大の四三〇名となった。興味深いことに、マルクス主義に転じたはずのニーダムも、キリスト教的な立場から会員になっていた。[31]

一九四〇年代前半にホールデン、クラウザーらの左翼的な本が出版されると、バーカーやタンズリーも書籍を刊行して反撃した。協会のメンバーで経済学者のフリードリッヒ・ハイエク(一八九九〜一九九二、Friedrich Hayek)は、ポランニーに左翼への反撃に加わるべきだと手紙を書いた。ポランニーはクラウザーをターゲットとして、学者が政府と結びつくことに警鐘を鳴らした。[32]

「科学の自由協会」のメンバーは、戦時の科学動員が戦後も続いて、科学に計画が導入されるのではないか懸念した。事実、一九四二年初旬に労働党が出したパンフレットでは、戦時の産業や農業へのコントロールは戦後も続くべきで、戦間期の無計画な競争に戻ってはならないとされていた。

第二次世界大戦が迫ると、バナールのようなイギリスの左翼科学者たちが反戦から戦争協力に転じた。そして、政府の戦時研究に積極的に関与し始めていた。[33] その戦後への影響を懸念したのだ。ポランニーは四四年のBBCのラジオ番組で科学と自由の没落を語り、四八年には科学の計画化を問題と

した。(34)

ルイセンコ論争

ポランニーらとバナールらの対立は、ソ連政治のスターリン下の変化のために複雑な構造を持っている。それを一層複雑にしたのは、いわゆる「ルイセンコ論争」である。これは、特異な科学的主張とイデオロギーが絡み合って起こった不幸な政治弾圧事件だった。

当時遺伝学では、メンデルとモルガンによるものが正統的な学説だった。現在にもつながる学説である。これに対してウクライナ出身のトロフィム・ルイセンコ（一八九八〜一九七六、Trofim Lysenko）は、獲得形質が遺伝するという学説を作り出した。ミチューリンの育種の理論などを発展させたこの学説は、弁証法的唯物論を証明するものとしてスターリンらに絶賛された。メンデル＝モルガンの遺伝学はブルジョア的な学説と見なされ、弾圧の対象となっていった。

一九三六年末、ルイセンコ派とメンデル＝モルガン派は農業科学アカデミーの会議で激論を闘わせる。ルイセンコは正統派遺伝学者ヴァヴィロフと対等に渡り合い、最終的に三九年の春にルイセンコ派が決定的に勝利する。(35)先に述べたように、ヴァヴィロフはブルジョア科学者として四〇年に逮捕され、四三年に獄死する。

このような事態に対するイギリスの左翼学者の対応は、非常に甘いものだった。一九四八年ごろに至るまで、ニーダムやホールデンは、ルイセンコ論争を単なる学術論争だと理解していた。四〇年代初頭、ヴァヴィロフの異変を察知したロンドンの王立協会は、ソ連科学アカデミーに問い合わせを行った。だが、回答は得られなかった。四五年のアカデミー二二〇周年の際に、外国の参加者にヴァヴィロフが死んだことは知らされた。だが、その説明は矛盾に満ちていた。真実が判明し始めたのは、五〇年代が近づいてからのことだった[36]。

ヴァヴィロフがルイセンコから攻撃を受けていることは、遺伝学者の間ではそれ以前から徐々に知られるようになっていた。三七年、雑誌『ネイチャー』は三六年の農業アカデミーの会合について短く報じ、マルクス主義の名の下に近代遺伝学がないがしろにされているとした。『科学の社会的機能』が刊行された三九年には、スターリン政権により科学者が弾圧されていること、科学者たちが自由にソ連から出られなくなっていることも分かってきていた。

にもかかわらずバナールは、ニーダムやホールデンに倣ってルイセンコ学説にも利点があるのではないかと見なしていた。ポランニーは、バナールがソ連を批判しないことに憤った[37]。四二年にヴァヴィロフとルイセンコについて情報を得たポランニーは、翌年科学の自治についての論考をマンチェスター文学哲学協会で講演し、協会の雑誌に寄稿した[38]。

文化自由会議とCIA

ポランニーらが作った「科学の自由協会」は、一九六二年に解散する。すでに五三年以降ポランニーは、これとは別の「文化自由会議（Congress for Cultural Freedom）」の活動的なメンバーとなっていた。この会議は、五〇年に西ベルリンで組織された反共主義団体である。友人のアーサー・ケストラーが文化的自由の名の下に全体主義国家を非難したのは、その結成式のハイライトだった。

ポランニーがこの会議に深く関与することになったのは、ソ連で辛酸をなめたエーヴァの元の夫ヴァイスベルクがマンチェスターのポランニーを訪問したことがきっかけだった。彼は、ハンブルクで開催予定の「文化自由会議」の科学と自由に関する委員会への助力を求めてきたのだ。東欧での自由の問題を懸念していたポランニーは協力を決め、五三年二月にはロックフェラー財団に支援を申し入れた。援助は得られなかったものの、会合はポランニーとヴァイスベルクを座長として七月に開催された。[39] だがポランニーは、「文化自由会議」の財源に鈍感だった。

一九六七年、衝撃的な報道がなされた。「文化自由会議」がアメリカのＣＩＡから資金援助を受けているというのだ。こともあろうに、政治学者のジョージ・ケナン（一九〇四～二〇〇五、George Kennan）がこの報道を確認するコメントをしてしまう。同年一〇月、ポランニーは会議を脱退する。[40] 反共主義のポランニーは、米国にとっては利用価値のある人物となっていたのだが、ＣＩＡを資金源とする状況を受け入れることはできなかった。

しかしそのポランニーがアメリカに招聘されたとき、移民ビザが発給されなかったのは皮肉としかいいようがない。四八年に彼は、科学者をやめてマンチェスター大学の社会科学の教授となっていた。その彼に五一年、米国のシカゴ大学から社会哲学教授の地位が提示された。だが、マッカーシーの時代だったため、共産主義国ハンガリーの出身者としてビザが拒否されたのだ。[41]

冷戦に翻弄されたのはポランニーだけではない。スターリン体制に肩入れしたバナールもしかりである。本人たちの意図はどうあれ、ポランニーはアメリカの、バナールはソ連の代弁者と思われても仕方のない状況だった。

だが、アメリカの化学史家メアリー・ジョー・ナイは、学問の自由についての二人の考えがさほど違っていなかったという興味深い指摘をしている。三五年、イギリスで「知的自由のために(For Intellectual Liberty)」という知識人のグループが発足した。これを呼びかけたのは、ブラケット、バナール、スノウ、オルダス・ハクスレーたちだった。[42] イギリスのマルクス主義者たちも、学問の自由についてはポランニーと同じ意見だったわけだ。

科学の計画化についてはどうだろうか。バナールはイギリスの研究予算を増額すべきだと述べた。『科学の社会的機能』において、その予算の分配は、科学者自身による組織が大枠を決めるべきだとしている。[43] 科学は「官庁事業の一部として管理することの決してできない」ものだからだ。[44] そして計画化において、基礎研究と応用研究の間の適切な比率が重要だという。[45]

> 人間は、科学において、彼らの達成の個性を失うことなく共同の目的に従事することを自覚的に学んだのである。各人は、自分の仕事が先達や同僚の業績に依存し、またそれが実を結び得るのは、後継者の仕事を通じてのみ可能であることを知っている。科学において、人間は上の権威に圧迫されたり、選ばれた指導者に盲目的に追従するゆえに協同するのではなく、各人がその目的を達成できるのは、この自発的な協同によってのみであることを認識しているからそうするのだ。

この引用は、ポランニーからのものではない。バナールの『科学の社会的機能』の末尾部分である。[46] ポランニーは、科学のコミュニティーは少数のシニア科学者によって非公式に支配されているものとした。出版、名誉、人事、賞といったものは、権威者が管理しているのだ。[47] バナールが、これに反対するとも思えない。二人に同意できないものがあるとすれば、この引用の直前に置かれていた一文「その努力において、科学は共産主義である」だけであろう。

真理の探求と科学の自由は、イギリスのマルクス主義者にも共通するものであった。ポランニーとバナーの違いは、純粋科学を守るのは社会主義だと彼らが信じた点である。[48] すなわち、ポランニーとバナールが合意できなかったのは、社会主義の評価であった。ポランニーは、ファシズムと社会主義・共産主義を類似のものと見なし、経済危機と失業がこれを導くと考えていた。[49] イギリスのマルクス主義者たちは、ファシズムと社会主義を異なるものと見なした。

しかし彼らは、ソ連の政治の実情を正しく理解していなかった。それはイギリス人に限られてはいない。マイケルの兄カールは、三九年になってもソ連へのコミットメントを強めていたのだ。[50] マイケル・ポランニーの思想が、左翼の影響の強いイギリスよりアメリカで好かれたのには、[51] このような背景があったと思われる。

それ以前に、イギリスではポランニーの思想は二流と思われていた。ロシア生まれのオクスフォードの哲学者で思想家のアイザイアー・バーリン（一九〇九～九七、Isaiah Berlin）などは「ここでは偉大な科学者がノーベル賞をあきらめて二流の哲学的著作を書いている」[52] と述べた。哲学のトレーニングをきちっと受けていない以上、言われかねないことかも知れない。

著者自身の意見を述べれば、アメリカでは冷戦に利用できるが故に、ポランニーが持ち上げられたのではないか。ポランニー自身は、バランスのとれた善良な自由主義者だったと思われる。

（1）Nye (2011), p. 195.
（2）ゲッセン（一九八六年）、二四〇ページ。
（3）同、二三六ページ。
（4）第二次世界大戦前の一九三二年と三四年、このときの代表団の論文を収めた論集 *Science at the Cross Roads*（London, 1931）の邦訳が出版された。各々『新興自然科学論叢』、希望閣、『岐路に立つ自然科学』、大畑書店。
（5）ゲッセン（一九八六年）、二三一、二四七、二四九ページ。
（6）Nye (2011), p. 191 & 193.
（7）ゲッセン（一九八六年）、二三〇ページ。
（8）Nye (2011), p. 192.
（9）*Ibid.*, pp. 187–8.
（10）*Ibid.*, p. 188.
（11）*Ibid.*, p. 65.
（12）*Ibid.*, p. 183 & 188–9.
（13）バナール（一九八一年）、二一九ページ。
（14）バナール（一九八一年）、四五八ページ。
（15）Nye (2011), p. 195 & 201.
（16）バナール（一九八一年）、二二〇ページ、Nye (2011), p. 201.
（17）*Ibid.*, p. 200.
（18）*Ibid.*, p. 189.

（19）ポランニー（二〇〇三年）、一七ページ。
（20）Nye (2011), pp. 194–5.
（21）ポランニーの経済学については、佐藤（二〇一〇年）などを参照。
（22）Nye (2011), p. 158. ポランニーが経済を模する実験器具を作ったことについては、*ibid*., p. 159.
（23）*Ibid*., p. 188.
（24）ゲッセン（一九八六年）、二三一〜二ページ。
（25）バナール（一九八一年）、二二二ページ。
（26）Nye (2011), p. 158.
（27）*Ibid*., p. 197.
（28）*Ibid*., pp. 198–9.
（29）Lanouette (1994), pp. 78–9; Scott & Moleski (2005), p. 130.
（30）Nye (2011), p. 170.
（31）*Ibid*., pp. 204–5.
（32）*Ibid*., pp. 206–77.
（33）*Ibid*., p. 197.
（34）*Ibid*., p. 207.
（35）中村（二〇一七年）、一〇〜一ページ。
（36）Nye (2011), p. 208.
（37）*Ibid*., p. 201.
（38）*Ibid*., p. 209.
（39）*Ibid*., pp. 210–2.
（40）*Ibid*., p. 221–3.
（41）*Ibid*., pp. 27–8.

（42）*Ibid.*, pp. 196-7. 実は、ブラケットはポランニーの親しい友人だった。*Ibid.*, p. 183.
（43）*Ibid.*, p. 217.
（44）バナール（一九八一年）、ivページ。
（45）同、三一三ページ。
（46）同、四〇六ページを、原著 pp. 415-6 により改訳。Nye (2011), p. 220.
（47）*Ibid.*, pp. 178-80.
（48）*Ibid.*, p. 213.
（49）*Ibid.*, p. 161.
（50）*Ibid.*, p. 170.
（51）*Ibid.*, p. 221.
（52）*Ibid.*, p. 304.

第一〇章　吸着のポテンシャル理論

ここで再び、ポランニーの科学的研究に戻ろう。東京工業大学名誉教授の慶伊富長は、ポランニーの主な業績を三つにまとめている。

（一）一九一四年から三三年にわたる吸着ポテンシャルの研究（論文一七編）
（二）一九二〇年から三四年までのX線回折と結晶の研究（論文五五編）
（三）一九二〇年から四八年の化学反応速度論の研究（論文一二三編）

最も論文数が多いのは化学反応速度論の研究で、日本の研究者がポランニーの下で取り組んだのもこの主題である。

本章では、ポランニーの博士論文以来の研究である（一）を扱う。（二）と（三）についてはすでに詳しく紹介したが、（一）についてはわずかに触れただけである。

それに先だって、ポランニーの研究を右のように整理した慶伊富長について紹介しておこう。彼は、ポランニーの共同研究者だった堀内寿郎の弟子である。すでに述べたように、堀内は最初ゲッティンゲン大学にいたが、ポランニーは、イギリスに向けて出発するまでの短期間、堀内をベルリンの手元に置いてイギリスに同行させた[1]。

マンチェスターでは、ポランニーの指示で重水素を使った水素電極反応の研究に取り組んだという[2]。一九三四年末にマンチェスター大学を去り帰国した堀内は、三五年初旬に北海道帝国大学理学部の教授として着任する。彼はここに、日本の触媒化学の基礎を据える。その助教授（准教授）だったのが慶伊富長だった。

慶伊は、堀内の研究指導の方法に、ポランニーの影響が見られたという。実験を始める前に、まず理論を構築しようとしたのだ。理論といっても、モデルとかピクチャーのことである。共同研究者を重んじる態度も、ポランニーのものだと慶伊は指摘する。共同研究者が学生であってもその貢献を尊重し、極力単独名で論文を発表させる。学生と自分が同じだけ研究に貢献したら、アルファベット順で著者の名前を並べる。それは、ポランニーの流儀であった[3]。加えて、堀内も慶伊も学術政策について多くの発言を行っている。筆者には、これもポランニーの影響ではないかと思える。

余談だが、筆者には堀内も慶伊も歴史上の遠い人物に思えていた。だが、あるときに勤務先の東京工業大学の先輩教授と飲んでいたとき、自分は慶伊さんと一緒に入試の試験監督をやったことがあると言っておられた。慶伊の著書、『反応速度論』はいまも教科書として広く読まれている。また、北大から来た物理学専攻の先輩と話していたところ、堀内学長なら、過激派の学生に追われて学内を逃げ回っていたということだった。学生運動華やかなりしころのことだろうが、何か身近に感じられた。ポランニーもそんなに昔の人ではないのだ。

考えてみると、ポランニーは、日本の化学研究の形成にかなりの影響を与えている。ポランニーの研究室で実験した大塚明郎、児玉信次郎、堀内寿郎、さらには量子化学の福井謙一、吸着や触媒化学の慶伊富長などのポランニーの孫弟子たち。彼らの日本の化学への貢献は大きい。すでに見たように海外でも同様で、博士論文の指導を受けたウィグナー、ともにポテンシャル曲面の理論を研究したアメリカのアイリングなど、ポランニー学派とでも呼ぶべきものがあると考えられる。ポランニーは、化学史における重要人物の一人だったのだ。

吸着のポテンシャル理論

慶伊によれば、「ポランニーの吸着ポテンシャル説は、現在、固体に対する気体・蒸気の物理吸着現象についての定説である[4]」。木炭や活性炭が気体を取り込むのが吸着で、ガスマスクやシリカゲルの吸湿などに応用される。

一九世紀には、吸着は固体表面の細孔の毛細管現象であるというような考えもあった。真空ポンプが発展することで、詳しい研究が進んだ。一九〇七年、ライプチッヒ大学のオストワルド門下フロイントリッヒが吸着等温線（一定の温度で圧力などを変化させたときの吸着量をグラフにプロットしたもの）の実験研究を報告した。後にベルリンのハーバー研でポランニーの同僚となるフロイントリッヒである。

吸着についての理論を最初に提出した（一九一三年）のは、ノーベル文学賞受賞者の息子で、ゲッティンゲン大学のアーノルト・オイケン（一八八四〜一九五〇、Arnold Eucken）である。彼はネルンストの弟子で、堀内寿郎がドイツで最初に受け入れてもらった人物である。オイケンは固体表面の引力場を考え、この吸着空間に気体分子が高圧ガスとして補捉されるとした。これに対してポランニーは、吸着空間内で気体は液化すると考え、その空間内の固有のポテンシャルを決定した。ポテンシャルの式が分かれば、任意の距離での引力が分かる。彼の結論は、固体表面の引力は距離の三乗に反比例するというものだった。

ポランニーは、一九一七年、研究成果をブダペスト大学に提出して博士号を得た。しかし、慶伊が現在は定説だと指摘するこの理論は、簡単には受容されなかった。ポランニーは、自分の理論が取り上げられるようになったのは「私が哲学に専心するために科学の専門研究から退いた一九四八年以来[5]」と述べている。

自説が三〇年以上無視されたというポランニーの主張の真偽については後で再吟味するが、ポランニーの説にいくつか問題があったことも事実である。その第一は、吸着力の原因が不明だったことだ。当時は分子、原子間の力は電気力によるとする説が主流だった。吸着力も電気力ということになる。だが、電気力は途中に分子があると妨げられるので遠くには及ばない。実は吸着で作用するのは、量子力学的な遠隔力（ロンドン分散力）であった。だが、量子力学が確立したのは、ポランニーの研究の一〇年ほど後のことだった。ポランニーの学説は、時期が早すぎたと言えよう。

一九二〇年の年末、カイザー・ヴィルヘルム協会着任早々のポランニーは、ハーバーとアインシュタインに、セミナーでこの弱点をこっぴどく攻撃されることになる[6]。ポランニーは、一九三〇年になってようやく、物理学者ロンドンの協力を得て引力のメカニズムを解明する[7]。ロンドンとは、一九二七年にヴァルター・ハイトラーと原子価結合法によって水素分子の結合を量子力学的に説明したフリッツ・ロンドン（一九〇〇〜五四、Fritz London）である。

第二の問題点は、強力なライバルの存在だった。それは、アメリカのアーヴィング・ラングミュア（一八八一〜一九五七、Irving Langmuir）である。ポランニーの吸着の説明では、気体分子は固体表面に多層で引き寄せられるとしていた。これに対してラングミュアは、雲母やガラスといった平滑表面の研究に基づいて、気体は固体表面に一層だけで（しかもばらばらに）吸着すると考えた（単分子吸着説）。彼は一九三二年、界面科学の研究でノーベル賞を受賞する。

後知恵で考えれば、ラングミュアの理論は固体表面の原子と気体が化学的に反応して結びつく場合に有効である（化学吸着）。これに対してポランニーの理論は、気体が反応を起こさず、物理的に吸着する場合に有効なのだ（物理吸着）。

ラングミュアの理論は、スティーブン・ブルナウアー、ポール・エメット、エドワード・テラーの三人によって多層の吸着に拡張される（ＢＥＴ理論・一九三八年）[8]。慶伊によれば、ＢＥＴの吸着式は、ポランニーの吸着式に比べると正確性では劣る。しかし、固体表面の触媒作用の説明には有効で、工業的な実用に役立ったという。

ラングミュアは、ジェネラル・エレクトリック社のエンジニアだった。コロンビア大学卒業後ゲッティンゲン大学に留学し、ネルンストの下で一九〇六年に博士号を取得した。アメリカの科学のレベルはまだ低く、ドイツで博士号を取るのは普通だった。帰国して、とある工科大学の教師になるが、その大学のレベルの低さに飽き足らず、ジェネラル・エレクトリック社の新しい研究所に転職する。

ここで、タングステン・フィラメントを用いた電球が断線しやすい原因に取り組み、電球に残留する水蒸気が起こすタングステンとの反応が原因であることを突き止めた（ラングミュア・サイクル）。その作用を妨げるために、アルゴンを封入した電球を発明した（一九一三年）。二一世紀でもなお使用されている、ガス封入白熱電球である。

ラングミュアは、企業研究所のエンジニアの走りであった。技術の開発や改良における科学研究の役割が増大したので、企業に研究所が設けられ始めていた。触媒の研究に役立つラングミュアの理論が広く受け入れられたのは、時代の趨勢だったのかも知れない。

ポランニーとクーン

一九六三年の論考「吸着のポテンシャル理論」で、[9] マイケル・ポランニーは、半世紀近く前に彼が提出した博士論文「非揮発性固体の吸着体による気体の吸着」を回顧している。先に触れたように、ポランニーは、自分の説が受け入れられたのは、一九四八年以降であるとした。

ポランニーは、このことで学界を非難したであろうか。あるいは、科学的方法はこの失敗を避けることができたのだろうか。ポランニーは言う、私には「そうは思われない。どんな時代にも、事物の本性に関して支配的に認められている科学的見解があるにちがいないし、それに照らして、科学的共同体の成員たちによって共同研究が行われる」[10]。にもかかわらず彼の博士論文が認められたのは、「わたしの理論の要旨を認めたブダペスト大学の理論物理学教授が完全に無知だったこと」によるという[11]。ポランニーは、この非礼を、今はなき審査教授の霊にわびているが、いずれにせよ、西欧の辺境のハンガリー故に、正統派に反する論文が審査を通過したというわけだ。

科学には共同研究に供せられる支配的な理論が存在し、よっぽどの辺境でない限り、異論は拒否される。科学哲学に多少なりとも関心のある方はすでにお気づきと思うが、ポランニーのこの主張は、トーマス・クーンのパラダイムの考えに通じるものがある。たとえば、クーンのパラダイム論では、ニュートン力学は強力な支配的パラダイムである。そして、たとえニュートン力学に反する事例があっても、それは無視される。実際、一九世紀半ばまでに、天王星の惑星運動がニュートン力学に反するという事実が分かってきた。しかし、ニュートン力学は否定されなかった。むしろ、ニュートン力学によって、天王星の不規則な運動は天王星の軌道外の未知の惑星の作用が原因であるということが予言された。それは実際に海王星として発見され、ニュートンのパラダイムは否定されるどころか強化された。

ポランニーとクーンの類似が筆者の勝手な思い込みでないことは、ポランニー自身の言葉から確かめることができる。主著『科学革命の構造』出版の前年の一九六一年、クーンは、オクスフォード大学で開催された国際科学哲学連合の科学史分科会で、「科学研究におけるドグマの役割」という論文を発表した。そこでは、パラダイムの考え、それが安定している通常科学の時期、パラダイムが危機に至って起こる科学革命というアイディアが示された。[12] 彼がパラダイムをドグマと呼ぶのは、通常科学の時期にパラダイム自体は疑われないからだ。

ポランニーは、クーンの発表の三年前の一九五八年から、オクスフォードのマートン・カレッジのフェローを務めていた。そして、科学史家のルーパート・ホール（著名なニュートン研究者）とともに、クーンの発表へのコメントを依頼されていた。

ポランニーは、「トーマス・クーン氏の論文は様々な方面から反対を引き起こすかも知れないが、私からではない」と断言した。[13] 彼は、自分が長きにわたって科学者が確立した信念に深く関与することに注意を引こうとしてきたとする。そして、次のように続けた。パラダイムへの関与は「私が発見法的洞察力、科学的信念、あるいは科学的確信に帰してきた機能とほとんど区別できないものだ」。

他方のクーンも、自分の発表でポランニーの『個人的知識』や『自由の論理』に言及し、「生産的な科学的研究に必要なものとしてほとんどドグマ的な関与が重要である」ことの根拠とした。もっともクーンは、ポランニーの議論が科学者個々人に偏っていることには批判的で、集団としての専門家（科学者集団）を見るべきであるとしたのだが。

科学はドグマか？

ここからは筆者の見解であるが、ポランニーとクーンの共通性を過度に強調すると、両者の重大な違いを見落とすことになる。それは、クーンがドグマとするもの、すなわち主要な科学理論の支配の程度の問題である。

ここでポランニーの「吸着のポテンシャル理論」に立ち戻ろう。彼は、自分の博士論文が受け入れられたのは、指導教員が当時の主流の理論、すなわちラングミュアの理論を知らなかったからだと述べていた。それは、辺境ゆえの無知だという。

回顧としてはやむを得ないかも知れないが、この主張自体が疑わしい。ポランニーの論文を審査したのは、オストワルドやネルンストに学んだグスターフ・ブーフベック教授である。ドイツ帰りのブーフベック教授は、関係者にも相談したと考える方が自然ではなかろうか。化学者ブーフベックはジョルジ・ヘヴェシーの親しい友人であり、後のノーベル賞受賞者ヘヴェシーのためにブダペスト大学に物理化学のポストを作ることに尽力したほどの人物だったのだ。[14] 審査の過程で、ポランニーは論文の数学的な部分の間違いを訂正させられているほどであるから、内容も良く分かっていたと考える方が自然であろう。

彼の論文が学界で完全に無視されたというポランニーの主張も怪しい。たとえば、ハーバーの研究所で同僚となったフロイントリッヒは、一九二二年の著書『毛細管化学』でポランニーの理論を詳しく解説している。[15] フロイントリッヒは、吸着が単層ならばラングミュアが、複層ならばポランニーが妥当するとしている。[16] 後から見ても正しい解釈である。吸着研究の専門家であるフロイントリッヒは、ポランニーの理論が正しいことを期待していると本人を直接励ましてもいる。[17]

この点では、論文「吸着のポテンシャル理論」のポランニーの次のような言葉の方が妥当するだろう。「科学は、その正統的見解に対する、ある程度の異議を容認する」。[18] 特に「独創的であるためには、研究はある程度までこのような［目下優勢な］信念に反してもよい」。[19] もちろんどんな異議でも受け入れるわけではない。「科学的方法はある限られた反対意見だけを許容することのできる正統的見解によって律せられており、またそうでなくてはならない」。[20] すなわち、クーンのパラダイムがドグマ的であるのに対して、ポランニーの考えは、少数意見の存在を許すのである。

とはいえ、ポランニーにとって、科学は平等主義で成り立っているのではなかった。そのことは、一九六二年の論文「科学の共和国」に示されている。ポランニーは言う。「科学的権威は、科学者集団にくまなく公平に配分されているわけではない。……権威は科学者の間にうち立てられるのであって、科学者のうえにうち立てられるのではない。科学者たちは互いにその権威を行使し合うのである[21]」。科学の論文は検閲される[22]。「科学的事実とは、科学的見解によって、そのようなものとして受け入れられてきた事実である……科学は事実の単なる寄せ集めではない、科学的解釈に基づく事実の体系である。この体系こそ科学的権威によって裏書きされるのである[23]」。科学の方法は師弟関係でつながり「科学の権威は本質的に伝統的である[24]」。

ポランニーの論文「科学の共和国」から思うままに引いてきたが、この論文は、科学における計画化に批判の矛先を向けている。「科学の活動が実際は調整されている」が「あらかじめ計画されたものではない[25]」。「公の利害にいっそう直接奉仕してゆく方向で科学を導いていこうとする運動は、科学の営みをさらに効果的に中央から調整していこうとする運動と同じく、いずれも次第に先細りしてしまった[26]」。「学究的な科学の土壌は治外法権でなければならない[27]」。

ポランニーは、「科学の共和国」でさらに進んで、科学を社会の模範であるとまで主張する。「自立した科学者たちの自由な協同のうちに自由社会の高度に単純化された範型が見いだされると思われる[28]」。少数意見の存在を許すが多数意見が全体を支配する。そして指導者や知的伝統が全体を指導する。そのメンバーの協力は上からの命令ではなく自発的な協同による。

　そこに描かれる社会の姿は、比較的保守的な自由主義であると言えるのではないか。筆者にとっては、共鳴するところの大きい思想である。そこで重要なのは、世代や師弟関係、能力といった規範の上で自発的に紡がれる自由なのだ。

（1）堀内（一九七二年）、五三ページ。
（2）同、五九ページ。
（3）大塚他（一九八七年）、四一ページ。
（4）同、一四五ページ。
（5）同、三九ページ、ポランニー（一九八五年）、一一〇ページ。
（6）Scott & Moleski, 2005, p.73.
（7）大塚他（一九八七年）、二二ページ、古川（二〇一七年）、一九五ページ。
（8）慶伊富長『吸着』、共立出版、一九六五年、三五ページ以下。
（9）ポランニー（一九八五年）所収。
（10）同、一一六ページ。
（11）同、一一八ページ。
（12）Nye (2011), pp.243-4.
（13）*Ibid.*, pp.241ff.
（14）Cockcroft (1967), p.133.
（15）大塚他（一九八七年）、四〇ページ。

(16) Nye (2011), p. 91.
(17) ポランニー(一九八五年)、一一一ページ。
(18) 同、一一七ページ。
(19) 同、七〇ページ。
(20) 同、一一八〜九ページ。
(21) 同、七二ページ。
(22) 同、六八ページ。
(23) 同、八三ページ。
(24) 同、八四ページ。
(25) 同、六四〜五ページ。
(26) 同、八一ページ。
(27) 同、八二ページ。
(28) 同、六三ページ。

第一一章　連鎖反応

マンハッタン計画、すなわち第二次大戦中の米国の原爆開発計画の大きなきっかけの一つが、アインシュタインのローズベルト大統領宛の手紙だったことはよく知られている。ウランが爆発的核分裂反応を起こす可能性を示唆したものだ。この手紙は、アインシュタインが口述し、レオ・シラードが原稿にして、アインシュタインがサインした。本書でこれまで何度も出てきたシラードである。

第八章で述べたように、シラードは、一九三三年にヒトラーが政権を取り、国会議事堂放火事件が起こると、三月末にベルリンのハーバー研を去った。スイスを経てオーストリアのウィーンに行った彼は、ヘルマン・マルク（母校ウィーン大学の教授となっていたポランニーの元助手）と会ったり、またオーストリアにいたマイケルの兄カール・ポランニーとも面会したりした。

シラードがウィーンで街を歩いていると、偶然、ポランニーの経済学の勉強会に出ていたロシア人マルシャックに遭遇した。そして、イギリスの経済学者ウィリアム・ベヴァリッジ（一八七九〜一九六三、William Beveridge）に紹介された。奇しくもベヴァリッジは、シラードと同じホテルに投宿して

ルーズベルト大統領宛の手紙を書くアインシュタイン（再現写真）
[Scott & Moleski (2005) p.130ff より]

いた。ベヴァリッジはドイツで起こっていたことに精通し、亡命者を救う活動を始めていた。ヒトラー政権初期だけでも、ドイツの物理学者の四分の一が職を追われた追放劇である[1]。

亡命者救済の活動に参加するために、シラードは三三年四月二一日にロンドンに姿を現した。ベヴァリッジの動きは素早く、五月二四日の新聞に「学術救援会議（Academic Assistance Council, AAC）」の創設が報じられた。シラードは、フランス、ベルギー、スイスを駆け回り、ベルギーでは亡命先のアメリカから欧州に一時戻っていたアインシュタインにも助力を求めている。シラードらの学術救援会議は亡命者に職業を紹介し、わずかながらも生活費を支援した。ドイツからのユダヤ人亡命者の職探しが一段落すると、シラードはようやくゆっくり考える余裕ができた。

解放された世界

ドイツ出発前の一九三二年、シラードは、H・G・ウェルズの『解放された世界』（邦訳、浜野輝訳、岩波文庫、一九九七年、ウェルズは火星人との戦争のSFで有名）という本を読んだ。第一次世界大戦直前の一四年に出版されたこの本は、三三年に人工放射能が発見され、五三年に産業のための実用原子エネルギーが解放されるとしていた。さらに、五六年の「英仏対独墺」の原子爆弾使用を端緒として、世界の主要都市が原子爆弾で破壊されることを描いている。この戦争は最終戦争となり、その恐怖から世界が一つの国になるという。

ロンドンのインペリアル・カレッジ（理工医学部）の前身で学んだウェルズは、この本の着想を、アーネスト・ラザフォードの協力者フレデリック・ソディー（二一年ノーベル化学賞、一八七七〜一九五六、Frederick Soddy）の一九〇九年の著書から得たという(2)。

ラザフォードの放射能研究は、二〇代のケンブリッジ時代にさかのぼる。フランスのアントワーヌ・ベクレル（一八五二〜一九〇八、Antoine Becquerel）は、一八九六年に放射能を発見した。ラザフォードはその性質を研究し、カナダのマッギル大学勤務時代の一八九九年、α線とβ線という二種の放射線を発見した。一九〇二年、弟子のソディーとともに、これが原子の崩壊によるという学説を発表する。ラザフォードは、一九〇七年、マンチェスター大学に迎えられ、翌年ノーベル化学賞を受賞した。

一九三三年九月一一日、ラザフォードは、英国科学振興協会で原子核の変換（崩壊）について講演を行った。ラザフォードは、すでに原子の中心にある核の存在を示し、放射性物質が原子核の崩壊によって放射線を放出することを解明していた。このとき生じるエネルギーは、通常の化学反応の約一〇〇万倍の大きさである。

本当はこの講演に出席するはずだったシラードは、風邪で体調を崩してしまい、翌日の新聞で講演の内容を知った。ラザフォードはこの講演で、「原子の変換に動力源を求めるような人は、たわごと

(moonshine) を語っているに過ぎない」と述べていた。[3] 原子核の変換で発生するエネルギーは確かに大きいが、それを効率よく取り出すことなどできないというわけだ。

シラードは、この記事について考えながら宿舎にしていたインペリアル・ホテルの前のサウザンプトン・ロードを歩いた。そして信号で立ち止まった。

信号が変わるのを待ち、信号が青になって渡るとき突然次のような考えが浮かんだ。もし中性子で分裂する元素、しかも一つの中性子を吸収するときに二つの中性子を放出するような元素を見つけることができれば、そのような元素は、十分に大きな質量を集められるなら、原子連鎖反応を保持できるのではないか。

どのような元素かは分からないが、工業規模で原子のエネルギーを解放し、あるいは爆弾を作れるかも知れない。そういう考えが、シラードの心から離れなくなった。[4] 原子核にぶつけて割るには、電気的に中性な中性子(一九三二年にジェームズ・チャドウィックにより存在証明)が良いが、問題は、中性子をぶつけて分裂させたときに、一個より大きい数の中性子を放出する物質があるかどうかである。それがあれば、ネズミ算的に核分裂が増加する。シラードは、この考えを持ったまま、一九三七年イギリスからアメリカに移った。

それとほぼ同時に、運命の事態が進行しつつあった。一九三八年末、ドイツで、ウランに中性子を照射すると原子核が分裂することが発見されたのだ。その発見は、シラードがわずか五年前に去ったベルリンのカイザー・ヴィルヘルム協会の化学研究所でなされた。彼の友人ハーンと若手のフリードリッヒ・シュトラースマン（一九〇二〜八〇、Friedrich Straßmann）によるものだ。その情報は、スウェーデンに逃げていたハーンの共同研究者のマイトナーや、ちょうど渡米してきたデンマークのボーアを経由してアメリカに達した(5)。

シラードは、三九年一月にプリンストン大学のウィグナーを訪問したとき彼からウランの核分裂の知らせを聞いた。ウィグナーは、一〇年程前の一九三〇年から、友人のノイマンとともにアメリカに移って教えるようになっていたのだ。シラードは、簡単な考察から、核分裂で中性子が放出されることを確信した。彼はそれを実験で確かめる一方、核分裂で複数の中性子が生まれることを確認した。黒鉛を減速材に使う計算をした七月(6)、シラードはウィグナーの運転で、アメリカに亡命していたアインシュタインをロングアイランドに訪問した。手紙を書いてもらうためである。

実はアインシュタインの手紙は最初、ベルギー女王に送付することが検討されていた。ベルギーは、コンゴでウランを採集していたし、ベルギー女王はアインシュタインと親しかった。ウランのドイツへの流出を止めようとしたのだ。だが、アインシュタイン自身は、乗り気ではなかった。外国人が、アメリカから海外の政府に接触することは好ましくはないという意見も出た。

手紙の扱いについては、シュトルパーが活躍した。ベルリンでポランニーの経済学の研究会に出席していたグスタフ・シュトルパーである。シュトルパーは、一九三〇年、ドイツ国民党の国会議員に選出された。ヒトラー政権が到来すると、彼はスイスやイギリスを経てアメリカに逃れ、経済ジャーナリストやコンサルタントとしての活動を行っていた。

旧知のシュトルパーは、アメリカ政府に接触する方法を教えてくれた。彼はドイツでは国会議員であったし、アメリカでのビジネスの仕方も知っていた。シュトルパーは、エコノミストのアレクサンダー・ザックス（一八九三〜一九七三、Alexander Sachs）を紹介してくれた[7]。ザックスは、大統領のニュー・ディール政策のアドバイザーだった。ザックスは、アインシュタインが手紙を書いて渡してくれれば、自分が大統領に取り次ぐと約束した。

シラードは、八月二日に再度アインシュタインを訪問する。今回のドライバーは、テラーだった。そして今度は、アメリカ大統領宛のアインシュタインの手紙が書き上げられた。ホワイトハウスのザックスは、この運命の手紙をローズベルト大統領に手渡した[8]。

化学連鎖と物理連鎖

ところで、シラードの連鎖反応の考え方は彼のオリジナルなものなのだろうか。シラードの詳細な伝記を書いたウィリアム・ラノウエットは、興味深い指摘をしている。「連鎖反応の概念は化学では普通のもので、シラードの友人マイケル・ポランニー他によって研究された[9]」。マンハッタン計画の優れた歴史を著したリチャード・ローズは書く。「化学では似たような過程があり、ポランニ［ポランニー］はそれを研究していた[10]」。

たとえば、マッチで紙に火をつける場合を考えよう。マッチの火を短時間紙に近づけても火は燃え移らない。しかし一定時間以上火であぶれば、今度は紙が自発的に燃えだして、自らの燃えるエネルギーで燃え広がっていく。もはや外からのエネルギーの助けを必要としない化学連鎖反応が生じるわけだ。

ラノウエットやローズの主張が正しければ、シラードはポランニーの化学連鎖反応の考えからウランなどの物理的連鎖反応の着想を得たことになる。これについて筆者の研究を支えてくれたハンガリーのガーボル・パッロー博士におそるおそる意見を伺ったところ、もちろんそうだろうといった答えだった。若い頃は化学者だったパッロー氏である。

とはいえ、筆者自身には、彼らの見解には歴史的証拠の裏付けが欠けており、推定の域を出ないように思われる。だが、仮説としては非常に魅力的である。ポランニーがマンハッタン計画の火付け役の一人ということになるからである。

その真偽は置くとして、マイケル・ポランニーが、マンハッタン計画に至る人の連鎖の重要な結節点であったことは疑い得ない。ハーバー研に頻繁に出入りして「ジェネラル・ディレクター」の異名をいただいたシラード、ポランニーの指導学生ウィグナー、経済学の研究会に現れたウィグナーの友人で天才科学者のノイマン。彼らはいずれもマンハッタン計画の中核で活躍した。同じ研究会に出席したシュトルパーは、アインシュタインの手紙をローズベルト大統領に届ける仲介をした。本書では余り出てこなかったエドワード・テラーも、マンハッタン計画に参加し、その後は米国の水爆開発を主導した。テラーにカールスルーエ工科大学で化学の基礎としての量子力学を教えたのは、かつてポランニー研の助手をした、当時同大学私講師のヘルマン・マルクであった。

マイケル・ポランニーは科学者のハブであり、ハンガリーの科学者たちが、アインシュタインに大統領宛の手紙を書くように依頼したのも、このようなネットワークによるものである。もちろん、アインシュタインももう一人の中核として加えるべきであろう。ポランニーとアインシュタインの二人が、原爆に至る「科学者の連鎖」を支えたのである。

（1）バイエルヘン（一九八〇年）、六一ページ。
（2）ローズ上（一九九五年）、五九ページ、ウェルズ（一九九七年）、一三ページ。
（3）Lanouette (1994), p. 133.
（4）*Ibid.*, pp. 113-4、シラード（一九八二年）、二一ページ。
（5）Lanouette (1994), p. 178.
（6）シラード（一九八二年）、一〇七〜八ページ。
（7）Nye (2011), pp. 25-6.
（8）シラード（一九八二年）、一〇九〜一二ページ、ザックスについてはローズ上（一九九五年）、五三六ページ以下も参照。
（9）Lanouette (1994), p. 134.
（10）ローズ上（一九九五年）、三一ページ。

第一二章　ポランニーと暗黙の次元

本書は科学者としてのマイケル・ポランニーを論じるものである。だから、彼の哲学については、その筋の専門家に任せて議論を回避することもできよう。だが、少なくとも彼の主著『暗黙知の次元』にまったく触れないのは無責任に過ぎよう。読者の多くも、『暗黙知の次元』を通じてポランニーを知っておられるはずだからだ。

一九六六年に刊行された『暗黙知の次元』は、すでに日本語に二回翻訳されている。最初の翻訳は佐藤敬三氏によるもので、紀伊國屋書店から一九八〇年に出版された。二一世紀に入った二〇〇三年、今度は筑摩書房から文庫として新訳が出版された。筆者の手元には二〇一五年に印刷されたものがあるが、一〇年強で早くも一三版を重ねている。

新訳の翻訳者である高橋勇夫氏が「訳者解説」で書いておられるように、最初の翻訳が出たとき、ポランニーはいわゆる「ポストモダニズム」の先駆者として読まれた。そのことは、ポストモダニズムを積極的に取り上げてきた雑誌『現代思想』が八六年三月号でポランニーの特集を組んだことにも表れている。ポランニーについて積極的に紹介された栗本慎一郎氏が「ニューアカデミズム」の旗手だったこともあり、ポストモダニズムという特定の文脈で読まれたのだ。

高橋氏によれば、そこでは暗黙知は、ポストモダニズムの言語批判に沿って、言葉と意味を切り離すものとして解釈された。両者を切り離した上で、真理や価値という意味内容が相対化される。ついには、真理だの正義だのというものは、社会的構築物として冷笑されるに至った。ポランニーはその先触れとされたのだ。

「しかし」、と高橋氏は言う。「暗黙知はポストモダニズムの諸理論とは明らかに異質なものである(1)。なぜなら、概ね言葉の意味を否定しっ放しのポストモダニズムとは異なり、暗黙知は絶えず『新しい意味』を志向し、それを形成しようとするものだからだ。……個人は暗黙に示されるポテンシャルを信じて、……より高次の、新しい意味を発見しようと努力する(2)」。

本書の主題である科学者としてのポランニーについても、短くではあるが、高橋氏は述べる。「科学者としてのポランニーは、変化や進化の方法としての暗黙知を科学的に位置づけようとしているだけなのだ(3)」。

筆者は、高橋氏の見解に基本的に賛同するものである。だが、科学と暗黙知の関係については、ポランニーの『暗黙知の次元』だけからももう少し議論ができるのではと感じる。以下はそのための筆者の試論であり、すべての読者に同意していただけるものではないことは承知している。だが、科学者としてのポランニーを論じた本書のこれまでに加えて、科学から見たポランニーの哲学の理解を据えるために、あえて試論を世に問おうとするものである。ポランニー再評価の議論のきっかけとなることを期待して。

「暗黙知」か「暗黙に知ること」か？

翻訳『暗黙知の次元』という書物のタイトルについて最初に指摘したいのは、このタイトルが、原題『暗黙の次元（*The Tacit Dimension*）』の意訳であるということだ。この本は三章から構成されているが、冒頭の章のタイトルも「暗黙知」と訳されるのが常である。しかし、原著のタイトルは、「暗黙に知ること（Tacit Knowing）」となっており、いずれも「知」という言葉は入っていない。これは全体を通じて同様で、筆者がＯＣＲ（光学式文字認識）の力も借りて数えた限りでは、暗黙知（tacit knowledge）という英語は原書の本文に三回登場するだけである。これに対して「暗黙に知ること」という英語は五三回現れる(4)。

以下ではポランニーの著書を原題の『暗黙の次元』に戻し、「暗黙知」も本来の「暗黙に知ること」として分析していく。ただし、暗黙知という訳語が経営学などの分野で有効に使われた場合もあることは承知している。たとえば、野中郁次郎・竹内弘高著『知識創造企業』（東洋経済新報社、一九九六年）のように、暗黙知が形式知に変換されて知識創造がなされていくという議論は刺激に富むものであり、筆者も強い影響を受けた。ある分野の用語が他の分野で換骨奪胎されて有益に使われたよい事例であろう。ただ、本章はポランニー自身に焦点を当てて分析するものであるから、用語を厳密に用いる。

先にも述べたが、『暗黙の次元』は、「暗黙に知ること」という第一章から始まる。その冒頭は、ポランニーが哲学に手を染めるようになったきっかけに触れている。それは、スターリン時代のソ連のイデオロギーであった。本書の第九章で論じたように、一九三五年春のソビエト訪問でポランニーはブハーリンと会い、強いショックを受けた。ブハーリンが、純粋科学は階級社会の病的兆候であり、社会主義下では科学者の関心は五カ年計画の諸問題に向けられると述べたからだ。それは、社会主義のもとでは「純粋科学、すなわち自己目的化された科学という概念などは消えてなくなる」[5]ことを意味した。ブハーリンとの対話は、『暗黙の次元』に二年先だつポランニーの著書『科学・信念・社会』の改訂版の冒頭にもやや詳しく論じられている。そこでは、ブハーリンに加えて、ルイセンコ事件による生物学者の迫害にも議論が及んでいる。

このことから考えて、ポランニーの『暗黙の次元』の主たる目的が、マルクス主義から科学の自由を守ることであったと推定される。そのためには、純粋科学が計画できないことを示す必要がある。

第一章を詳しく見てみよう。ポランニーが議論の出発点としたのは、よく知られているように、「私たちは言葉にできるより多くのことを知ることができる」[6]という事実である。そして、顔の認識の話に進む。私たちはある人(たとえば友人)の顔を知っている。一〇〇〇人の人の集まりからもその人を区別できる。しかし、それをどうして知るのか、言おうとしても言えない。ポランニーは、それが将来述べられる可能性を否定してはいないが、それが分かっていない現在(当時)でも人の顔の識別は可能であると指摘する。言うことができなくてもである。

大学における医学の実習の例も取り上げられている。ある病症例を見分けられるようになるには、言葉で伝えたり写真で見たりすることですら不十分で、実習例を積まなければならない。つまり、人間が知識を得るのは、言葉にできない方法、すなわち「暗黙に知ること」による。そして、「暗黙に知ること」が医学の病症例のように先達からの実習を受けることによって習得される場合もある。「暗黙に知ること」は、経験を能動的に統合しようとする結果として生じる。そのもっとも高度なものは「科学や芸術の天才たちが示す暗黙の力」である。(7)

ポランニーは、心理学の実験などを引きながら、暗黙に知ることの内実に切り込もうとする。人間の顔の場合、「私たちは顔の諸部分から顔に向かって注意を払っていくのであり、それゆえ、諸部分それ自体についてては明確に述べることができなくなってしまう。技能の場合にも同様のことが言えるだろう」(8)。私たちは、技能の遂行のために、一連の筋肉の動作を感知し、その感覚に依拠する。しかし、それはある共同目的のためのものなので、個々の筋肉運動自体は私たちには明らかにならない。

このことは、「人間のもっとも高度な創造性を含む、すべての思考の身体的根拠」(9)にも拡張される。何かを理解するには、対象を内面化する必要がある。たとえば数学の理論は、実際に応用することなしには習得できない。それは、一九世紀末のドイツの思想家たちが「内在化（indwelling）」と呼んだものだという(10)。内在化は、すべてを明示化しようとする明瞭性とは対極的なものであり、厳密科学が信奉する理想とはかけ離れている。「暗黙に知ることをことごとく排除して、すべての知識を形式化しようとしても、そんな試みは自滅するしかない」(11)。「問題を考察するとは、隠れた何かを考察することだ」(12)。

科学が成立したのは、「いまだ発見されざるものを暗に予知する能力が私たちに備わっている」からだ(13)。「こうした知られざる事柄についてては明示的な認識など存在しないので科学的真理を明示的に正当化することは不可能」である。だが、「私たちは問題を認識することはできる」[14]。私たちは問題それ自体を見ているのではなく、「問題が兆候として示しているある実在への手がかりとして問題を見つめている」[15]。それは「おしなべて孤独な営みであるという意味合いにおいて個人的な行為である」[16]。発見の妥当性について厳密に非個人的な基準を求めていた実証主義科学哲学の失敗の原因はその点にあった。

第一章はこのように結ばれている。『暗黙の次元』をわかりにくくしているのは、この後に書かれるべきだった一文が書かれていないことであると筆者は感じる。すなわち、科学は暗黙に知る行為であり、さらに個人的な行為であるから、科学を計画化することはできない。暗黙に知ることは、形式知と対照される暗黙知を求めることではなく、知るという行為を指していると解されるべきである。

ポランニーが顔の認識に加えて取り上げているように、ピアノを弾くという行為も、演奏家は自分の指に集中すると演奏ができなくなることがある[17]。ピアニストは、弾いている音楽を暗黙に知って内在化することとしかできない。形式化できないものがあるのだ。それは知とは呼び得ない、計画もできない暗黙の行為である。

創発について

『暗黙の次元』の第二章は、「創発」と題されている。これについては、説明に必要な限りで簡単に触れておくことにしたい。ポランニーの弟子筋の日本人科学者たちが栗本慎一郎氏と一九八七年に出版した本のタイトルは『創発の暗黙知　マイケル・ポランニー　その哲学と科学』とある。だから、ポランニーの創発の考えは、彼を理解するキータームと見なされていたのかも知れない。

しかし、筆者にとって、それは誤解に思える。というのは、一九五八年、すなわち『暗黙の次元』より先に出版した『個人的知識』の中で、ポランニーは、自分の考えは「モーガンおよびサムエル・アレグザンダーが初めて仮定した創発の概念を再確立」するものであると述べている。[18] オリジナルではないわけだ。[19]

ポランニーが取り上げている例も凡庸である。たとえば、生命現象を物理・化学にすべて還元することはできないというものだ。上位の原理を下位の原理から説明し尽くせはしないということだ。筆者は大学の一年生のとき（当時はまだ理科系の学生だった）に、自然科学ではこのようなことを「自然の階層性」と言うことを学んだ。たとえば、生物細胞の振る舞いは物理・化学の原理と矛盾はしないが、物理・化学ですべて説明はできない。上位の原理を下位の原理にすべて還元できないということは、科学に限らず、一般システム論などにおいても見られ、創発は基本的な考え方である。

ただ、興味深い事例も挙げられている。それは、機械と物理学の関係である。機械は物理学に従うが、加工するといったその使用目的は、機械を作り上げている原子をいくら見ても見つからない。機械の部品が共同作業することによって、目的は達成される。このように上位原理が下位原理に影響を及ぼすコントロールを、ポランニーは「境界制御の原理」と呼ぶ。[20]

いずれにしても、ポランニーの創発の意義は、彼がこの概念を考えついたことではなく、別のところにあると筆者は考える。彼が創発によって、自然は上位の原理に向かっていくと主張したことにあるだろう。創発は非生命体から生命体を生み出し、それはより高位の生命形態に至る。「進化の要点は、低次の存在から段々に高次の存在が出現すること、特に人間が出現することにある[21]」。創発は「進化の階段を上り詰めていく[22]」、そして人間の「暗黙の能力は、身体と事物の衝突から、その衝突の意味を理解することによって、周囲の世界を解釈するのだ[23]」。

敬虔なキリスト教徒であるポランニーは、宇宙を覆い、神につながる世界を自ずと想像していたのではないか。二回目の『暗黙知の次元』の翻訳者である高橋勇夫氏が「哲学者としてのポランニーは、暗黙知によって、人間と宇宙を貫く論理を構築していたのだと思う[24]」と述べられておられる通りであろう。

生物学に引きつけて言うと、それはダーウィン主義ではなく、ラマルクの学説に近い。ポランニーの主張が宗教的に拡張されると、たとえば筆者が長く専門としてきたイギリス科学史で見た場合、一七世紀のケンブリッジ・プラトン派の考えに近い。新プラトン主義の一派である。ただ、ラマルクにしても、ケンブリッジ・プラトン派にしても、学問的あるいは宗教的には異端である。

暗黙に知ることと社会

第三章「探求者たちの社会」でポランニーは、まず第二章の内容を補った後で、再び第一章のブハーリンの言葉にもどる。実存主義と（科学的）懐疑主義の話に少し触れた後で、ブハーリンが純粋科学を否定したのは、政治的状況に迫られて「自らの真意に反して偽証を行った」と同情している。それに続いて、「途方もないと思われるかもしれないが、もし事物を認識するときの仕組みを吟味し直せば、こうした自己破壊的な諸力に対する見方も変わってくるだろうと期待される[25]」。

啓蒙主義から生まれた科学的完全主義（学問的完全主義に近いと考えられる）によれば、「人間は完全に特定可能な根拠に基づく認識」を獲得することができる。筆者が一言補えば、それは理性によって。「しかしもし私たちが、説明することのできない多くのことを認識しているならば、どうであろう。さらにもし私たちが認識して説明できる事柄ですら、それ自身を超える実在とそれとの関わりに照らして初めて、真実として受け入れられるのだとするなら、どうであろう(26)」。それが暗黙に知ることであり、教師のような先達の権威を受容することがその前提にある。理解するためにはまず信じるという「伝統主義は、知識の本質や知識の伝達に対して科学的合理主義よりも深い洞察を携えているらしい」。服従ではないが、「人間文化を伝達するためには権威に対する信頼が必要不可欠だと思うのだ(27)」。

ポランニーは、ここで節を改めて、自然科学の説明に進む。その内容は、第一〇章で触れた「科学の共和国」（一九六二年）の議論とほとんど変わらないので簡単にしよう。「通俗科学概念が教えるところによれば、科学は観察可能な事実の集積であり、しかもそれは誰でも自力で検証可能である(28)」とされるがそうではない。「科学界の権威は科学者たちに影響を及ぼす(29)」。「充分な科学的価値を持たない論文を、レフェリーたちが絶え間なく排除している(30)」。「科学は途方もない範囲にわたって権威主義的審判を行うが、他方科学は各論のレベルでは異説を認めるだけではなく、創造的異説に対しては最大限の激励を惜しまない(31)」。「異論があるとは言え、外界に関して科学が唱える事柄の真実性については、私の信念が揺らぐことはない(32)」。

『暗黙の次元』第三章の結びは、ソビエトにおける文化弾圧に進む。ポランニーが言うには、「私は科学が自立するための確固たる足場を解いて、こうした教義で科学を変容させようという企図に反論してきた。こうした反論は、いまや科学を超えた人間の主要原理全般にまで拡張されねばならない」[33]。「今や私は科学的探求の基調をなす諸原理を大ざっぱに一般化して、科学以外の人間の諸観念の醸成をもその中に組み込んだ」[34]。

そのような原理に基づく「社会を『探求者の社会』と呼ぶ。探求者の社会では、人間は考えている」[35]。「探求者の社会に及ぼされる権威の構造は、教条主義的な世界が服しているそれとは異なっている」[36]。このような社会は、「全体主義的支配者からは恐れられ憎悪される……そこに思考する人間がいるからである」[37]。そして、一九五六年に母国ハンガリーで起こった彼の望むような方向への変化に対する期待が表明される。

『暗黙の次元』の成り立ち

以上を改めてながめると、『暗黙の次元』がどのように成立していったのかを大ざっぱに推測できよう。この本の出発点は、一九六二年の論文「科学の共和国」であろう。「科学の共和国」では科学者の組織が語られた後で、それを模範とする社会のあり方がわずかに論じられる。『暗黙の次元』ではブハーリンの与えたショックが強調されるが、論文「科学の共和国」にはブハーリンは現れない。ブハーリンの問題は、一九六四年の『科学・信念・社会』(改訂版)に付け加えられた序(すなわち『暗黙の次元』の二年前)で扱われる。[38] この本の第三章では、自由な社会について多少長めに触れられている。

つまり、『暗黙の次元』は、一九六二年の「科学の共和国」の基本構造に六四年の『科学・信念・社会』の改訂版のブハーリンの話を加え、さらに新たに第三章の「探求者の社会」を『科学・信念・社会』の予備的議論に加えて成立したのではないかというのが筆者の現在の見立てである。

特に『暗黙の次元』の第三章では、科学者に限らない一般の人々を含む自由な社会が章全体で論じられている。いまや科学者の世界が、一般社会のあるべき理念として拡張されたのである。優れたポランニーの解説者ゲルウィックの言葉を借りれば、「ポラ［ン］ニーは、科学における発見という行為と、現代社会の中心的価値との間の根本的な結びつきを発見したの」である。[39]「科学の共和国」でも暗示された、あるべき自由社会への道である。

結びに代えて

本書は科学者としてのマイケル・ポランニーを軸として論じてきた。そこから見たポランニーは、時代に翻弄され、第一次大戦から革命政府に至るハンガリー、ドイツにおけるファシズムの興隆、スターリン型の社会主義の圧政を自ら目にした。安住の地となったはずのイギリスで、彼は予期せぬリベラルなマルクス主義者と対峙することになる。その地で彼は哲学者に転じた。

否、そこには哲学の前にもう一つ彼が立ち寄った分野がある。経済学である。『暗黙の次元』の二〇〇九年英語版にアマルティア・センが寄せた序文には、ポランニーは科学から経済・社会・政治の研究に移り、『暗黙の次元』のような哲学は彼の第三段階であるという。[40]

ポランニーの経済学については、佐藤光氏の優れた著書『マイケル・ポランニー「暗黙知」と自由の哲学』があり、先生と先生の弟子筋の方々の研究も展開しているようなので、これに任せることにしたい。

いずれにせよ、ポランニーは哲学者であるよりも第一に科学者であり、純粋科学を守るための彼のキーワードである「暗黙に知る」ということは、彼の科学者としての体験に基づくと考えるのが最も自然であろう。センが引用しているように、ポランニー自身『暗黙の次元』という「哲学についての私の著作は、科学者としての私のキャリアの回顧（afterthought）[41]」なのだと述べていた。

ではポランニーをいま論じる意味はどこにあるのだろうか？　それは彼が科学から導き出した自由主義的な保守主義ではなかろうか。先行者の権威などを認めながら、暗黙に知ることを通じて新たな理論を切り開く。そして上からの計画の排除。

『暗黙知の次元』の二回目の翻訳者高橋勇夫氏は、日本的ポストモダニズムについて、それが「標榜したのは、詰まるところ『根拠主義の否定で……あらん限りの意味と真理と価値と権威について』、その根拠の『恣意性』が我勝に洗い立てられていった」と述べられている[42]。

ポストモダニズムが一段落した後の思想界は、オルテガの「大衆の反逆」をもじってクリストファー・ラッシュが「エリートの反逆」（『エリートの反逆』、新曜社、一九九七年）と名付けたような世界にはなっていないだろうか？　伝統や正義、規範は相対化され、社会的価値が混乱する。一見正しそうだが、怪しげな「言説」が、学者から振りまかれる。唯一経済だけは脱構築がかなわず、野放しの新自由主義が跋扈した。その結果、一部の富者と多数の貧者が生まれ、貧困が社会現象となる。

学術に関わるものとして気になるのは、学術の計画化の流行と無定見な競争原理の流布だ。学者は放置したら働かないからと、国が科学の重点を計画する。大学にも目標と計画を立案させて追いまくる。競争的資金を肥大させて、財政誘導で学者をそこに動員する。政治の学術への介入の増大である。ついには、学術のためのアカデミーにすら、面倒なことを言うと政府が介入する。スターリンが喜びそうな社会に見えないだろうか。

ポランニーについてここまで書いてきた筆者は、自由主義的な保守主義者[43]のポランニーだったらいま肝要だと言うであろう言葉をあげて本書を結ぶ。それは、彼が科学から導き出した「伝統、規範、自由」という三つの原則である。

（1）最初の翻訳者である佐藤敬三の「訳者あとがき」はポストモダニズムとの関係には言及していない。
（2）ポランニー（二〇〇三年）、一八一ページ。
（3）同、一八九ページ。
（4）tacit knowledge という用語が使われるのは、第一には二つの「暗黙に知ること」を結びつけるもの、二つ目はメノンのパラドックスを解くものとしてである。第三のものは、教師をまねることで暗黙知が生徒に内在化するような場合であるという。各々原文、九、二二、六一ページ（邦訳、二六、四八、一〇三ページ）。付記すると、『知と存在』の一九八五年の邦訳（原著、一九六九年）では、tacit knowing が原則として「暗黙的認識」と訳されている。特に第三部。

（5）ポランニー（二〇〇三年）、一六ページ。
（6）同、一八ページ。
（7）同、二一〜二二ページ。
（8）同、二八ページ。
（9）同、三六ページ。
（10）同、三八ページ。
（11）同、四四ページを改訳。
（12）同、四六ページ。
（13）同、四八ページ。
（14）同、四九ページ。
（15）同、五〇ページ。
（16）同、五二ページ。
（17）同、四一ページ。
（18）ポランニー（一九八五年 a）、三六一ページ。Samuel Alexander, 1859-1938、マンチェスター大学教授、哲学者、進化論や時空論を扱う。Conwy Morgan, 1852-1936、ブリストル大学の動物学者、心理学者。
（19）四六年の『科学・信念・社会』では、邦訳五五ページで発見が「創発過程」であるとごく短く指摘されている。
（20）ポランニー（一九八五年）、七三ページ。
（21）同、八二ページ。
（22）同、八六ページ。
（23）同、八五ページを一部改訳。
（24）同、一八九ページ。

(25) 同、一〇一ページ。
(26) 同、一〇二ページ。
(27) 同、一〇四ページ。
(28) 同、一〇六ページ。
(29) 同、一一〇ページ。
(30) 同、一一一ページ。
(31) 同、一一三ページ。
(32) 同、一一六ページ。
(33) 同、一三五ページ。
(34) 同、一三九ページ。
(35) 同、一三六ページ。
(36) 同、一三七ページ。
(37) 同、一三九ページ。
(38)「暗黙に知ること」も『科学・信念・社会』(改訂版)ですでに触れられている。邦訳、八ページ。
(39) ゲルウィック(一九八二年)、五ページ。
(40)『暗黙の次元』、原著、二〇〇九年版、p.viii-ix、なお、センは、tacit knowledge の用語をポランニーの主題と考えている。日本でのこれまでの解釈と同様である。
(41) *Ibid.*, p.x.
(42) ポランニー(二〇〇三年)、一七七ページ。
(43) 佐藤(二〇一〇年)、二八ページ。

謝辞

本書を執筆するに当たって、惜しみない支援を与えてくださったことに対し、ハンガリー科学アカデミー哲学研究元所長のガーボル・パッロー博士に改めて感謝する。また、錯綜していた筆者のアイディアを整理する機会となったセミナーを開催していただいたことに対し、同志社大学商学部の小島秀信先生にお礼申し上げたい。先生のグループ（飯原栄一、小島秀信、山本慎平の三氏）は、ポランニーの最晩年の著作であるハリー・プロシュとの共著『ミーニング』の邦訳を昨年ミネルヴァ書房から上梓され、また、佐藤光先生を引き継いでポランニー研究も継続されている。

なお、シラードのドイツ時代の二つの複雑な論文の解読については、国立科学博物館の河野洋人研究員（物性物理学、物性物理学史）のご示唆を得た。

最後になるが、河出書房新社編集部の藤﨑寛之さんに、本書の出版を快くお引き受けいただいたことを感謝したい。また、藤﨑さんとの縁を結んでいただいた多摩美術大学講師の杉山久仁彦先生にも感謝する。

参考文献

Cockcroft, J.D., 'George de Hevesy 1885–1966', *Biographical Memoirs of Fellows of the Royal Society,* 1967, 125–166.

Frank, Tibor, *Double Exile : Migrations of Jewish-Hungarian Professionals through Germany to the United States,* 1919–1945, Peter Lang AG, 2009.

Frank, Tibor, 'The Social Construction of Hungarian Genius (1867–1930)', Background paper for the conference of John von Neumann, October 5–6, 2007, 1–107.

Hodgkin, R.A., Wigner, E. P., 'Michael Polanyi', *Biographical Memoirs of Fellows of the Royal Society,* 23 (1977), 413–48.

James, Jeremiah etc. *One Hundred Years at the Intersection of Chemistry and Physics : The Fritz Haber Institute of the Max Planck Society 1911–2011,* De Gruyter, 2011.

Lanouette, William with Bela S[z]ilard, *Genius in the Shadows : A Biography of Leo Szilard, the Man Behind the Bomb,* Chicago UP, 1994.

Marx, George, *The Voice of the Martians,* Akadémiai Kiadó, 1994.

Nabarro, F.R.N., Argon, A.S., 'Egon Orowan', *Biographical Memoirs of Fellows of the Royal Society,* 41 (1995), 315–340.

Nye, Mary Jo, 'Laboratory Practice and the Physical Chemistry of Michael Polanyi', Chap. 14 of *Instruments and Experimentation in the History of Chemistry,* Frederic Holmes and Trevor Levere (eds), MIT Press, 2000.

Nye, Mary Jo, *Michael Polanyi and His Generation,* Chicago UP, 2011.

Scott, William and Martin Moleski, *Michael Polanyi, Scientist and Philosopher,* Oxford UP, 2005.

Smil, Vaclav, 'Genius Loci : The Twentieth Century Was Made in Budapest', *Nature,* 409, 4 January (2001), p. 21.

Szanton, Andrew, *The Recollections of Eugene P. Wigner,* Basic Books, 1992.

Palló, Gábor, 'Why did George von Hevesy Leave Hungary?', *Periodica Polytechnica,* 30 (1986), 97–115.

Palló, Gábor, 'Hungarians Second Step of Emigration : Toward the New Centers', *Periodica Polytechnica,* 35 (1991), 78–86.

Palló, Gábor, 'Michel Polányi's Early Years in Science', *Bulletin for the History of Chemistry*, 21 (1998), 39–44.
ウェルズ、Ｈ・Ｇ『解放された世界』、岩波文庫、一九九七年
潮木守一『ドイツ近代科学を支えた官僚』、中公新書、一九九三年
大塚明郎、栗本慎一郎、慶伊富長、児玉信次郎、廣田鋼蔵『創発の暗黙知　マイケル・ポランニー　その哲学と科学』、青玄社、一九八七年
加藤雅彦『図説　ハプスブルク帝国』、河出書房新社、一九九五年
カルマン、セオドア『大空への挑戦　航空学の父カルマン自伝』、森北出版、一九九五年
栗本慎一郎『ブダペスト物語　現代思想の源流をたずねて』、晶文社、一九八二年
慶伊富長『反応速度論　第三版』、東京化学同人、二〇〇一年
ゲッセン、ベー、エム『ニュートン力学の形成　「プリンキピア」の社会的経済的根源』、法政大学出版局、一九八六年
ゲルウィック、リチャード『マイケル・ポランニーの世界』、多賀出版、一九八二年
『現代思想　特集＝マイケル・ポランニー』、青土社、一九八六年三月号
児玉信次郎『研究開発への道』、東京化学同人、一九七八年
サーヴァイ、ヤーノシュ『ハンガリー』、文庫クセジュ、白水社、一九九九年
佐藤光『マイケル・ポランニー　「暗黙知」と自由の哲学』、講談社選書メチエ、二〇一〇年
柴宜弘『図説　バルカンの歴史』、河出書房新社、二〇〇一年
シラード、レオ『シラードの証言　核開発の回想と資料　一九三〇～一九四五年』、みすず書房、一九八二年
ゼーリッヒ、Ｃ『アインシュタインの生涯』、東京図書、一九七四年
田口晃『ウィーン』、岩波新書、二〇〇八年
玉蟲文一『一化学者の回想』、中央公論社、一九七八年
ドラッカー、Ｐ・Ｆ『傍観者の時代』、ダイヤモンド社、一九七九年

中村禎里『新版　日本のルィセンコ論争』、みすず書房、二〇一七年
日本化学会編『化学の原典5　反応速度論』、東京大学出版会、一九七五年
日本化学会編『化学の原典6　化学反応論』、東京大学出版会、一九七六年
バイエルヘン、A・D『ヒトラー政権と科学者たち』、岩波書店、一九八〇年
羽場久浘子『ハンガリー革命史研究』、勁草書房、一九八九年
羽場久美子『ハンガリーを知るための60章　第2版』、明石書店、二〇一八年
バナール、J・D『科学の社会的機能』、勁草書房、一九八一年
フェルミ、ローラ『亡命の現代史一　二十世紀の民族移動』、みすず書房、一九七二年
古川安『化学者たちの京都学派』、京都大学学術出版会、二〇一七年
ボルン、マックス『私の物理学と主張』、東京図書、一九七三年
堀内寿郎『一科学者の成長』、北海道大学図書刊行会、一九七二年
ポラ［ン］ニー、マイケル『暗黙知の次元』、紀伊國屋書店、一九八〇年
ポランニー、マイケル『暗黙知の次元』、ちくま学芸文庫、二〇〇三年
ポラ［ン］ニー、マイケル『知と存在』、晃洋書房、一九八五年
ポラ［ン］ニー、マイケル『個人的知識』、ハーベスト社、一九八五年 a
ポラ［ン］ニー、マイケル『創造的想像力』、慶伊富長編、ハーベスト社、一九八六年
ポラ［ン］ニー、マイケル『人間について』、ハーベスト社、一九八六年
ポラ［ン］ニー、マイケル『自由の論理』、ハーベスト社、一九八八年
ポラ［ン］ニー、マイケル『科学・信念・社会』、晃洋書房、一九八九年
マクレイ・ノーマン『フォン・ノイマンの生涯』、朝日選書、一九九八年
マルクス、ジョルジュ『異星人伝説　20世紀を創ったハンガリー人』、日本評論社、二〇〇一年
増谷英樹、古田善文『図説　オーストリアの歴史』、河出書房新社、二〇一一年
南塚信吾『ブダペシュト史』、現代思潮新社、二〇〇七年

宮田親平『毒ガス開発の父ハーバー』、朝日新聞社、二〇〇七年
ルカーチ、ジョン『ブダペストの世紀末』、白水社、一九九一年
ローズ、リチャード『原子爆弾の誕生』(上・下)、紀伊國屋書店、一九九五年
若森みどり『カール・ポランニー』、NTT出版、二〇一一年
早稲田みか『図説 ブダペスト都市物語』、河出書房新社、二〇〇一年

著者
中島秀人(なかじま・ひでと)
1956年、東京生まれ。東京工業大学名誉教授。東京大学先端科学技術研究センター助手、ロンドン大学インペリアルカレッジ客員研究員、東京工業大学大学院社会理工学研究科助教授、ブダペスト高等研究所客員上級研究員、放送大学客員教授、国連大学客員教授、文部科学省科学官、東京工業大学リベラルアーツ研究教育院教授等を歴任。専攻は科学技術史、STS(科学技術社会論)。主な著書に『ニュートンに消された男 ロバート・フック』(角川ソフィア文庫、第24回大佛次郎賞)、『日本の科学/技術はどこへいくのか』(岩波書店、第28回サントリー学芸賞)などがある。

科学者マイケル・ポランニー——暗黙知の次元を超えて

2023年9月20日　初版印刷
2023年9月30日　初版発行

著　者　中島秀人

装　幀　松田行正

発行者　小野寺優
発行所　株式会社河出書房新社
〒151-0051
東京都渋谷区千駄ヶ谷2-32-2
電話03-3404-1201(営業)
03-3404-8611(編集)
https://www.kawade.co.jp/

印　刷　株式会社亨有堂印刷所
製　本　大口製本印刷株式会社

Printed in Japan
ISBN978-4-309-25460-9